2条家庭教育
"极简法则"

40则家长成长
"亲言细语"

父母

戴玉梅 著

20个家长疑难
"诗话解答"

唤醒家长
成为更好的自己

是孩子的未来

文汇出版社

目录

第一章 当下的亲子关系
我和我的孩子 / 006
六（2）班的故事 / 014
孩子必须赢在起跑线上吗 / 023

第二章 孩子问题的根源是什么
原件vs复印件 / 032
擦掉原件上的"错别字" / 045
死结迎刃而解 / 056

第三章 亲子关系，最重要的是"关系"
关系管道通畅才是真正的陪伴 / 064
做好孩子生命的管道工 / 078
和自己的关系是一切关系的内因 / 088

第四章 我的家庭教育法则

赏识教育法的启示 / 104

成长,是种子的一生 / 112

终于找到了最好的教育 / 123

第五章 智慧父母的法则应用

这是你的比赛,好好享受它 / 134

会算命的妈妈和不严肃的爸爸 / 141

不,每个孩子都可以 / 149

妈妈,今天可以不上学吗 / 155

不是个例,是规律 / 161

第六章 回归本心做父母

20道家庭教育难题的问与答 / 166

后　记 / 209

第一章 当下的亲子关系

我们总是问,现在的孩子怎么了?怎么这么不懂事,怎么这么不懂父母的心,怎么这么……我们总是问,现在的亲子关系怎么了?家庭怎么就成了"战场",父母与子女怎么就成了"最熟悉的陌生人"……这一章,我们先来扫描一下当下的亲子关系。

我和我的孩子

如果真有所谓的天赋才华的话,我的天赋才华就是当一名老师。我是师范大学教育系的学生,学理论可能不是我的强项,但从大三进入见习和实习的环节,我的优势就显现出来了。这优势就是我爱孩子们,孩子们也超级爱我。大学毕业后,我成了一名小学教师。在工作的前五年担任过两届学生的班主任,我跟学生们亲密无间的教育之爱到今天仍在延续。已经为人父母的学生总是称呼我为"恩师",给予我"您是我求学路上最有爱的老师""从您那里我学会了爱人"等很高赞誉。其中第一届学生我只在他们四年级时教了一年，但是，他们大学时期组织小学同学会，我是唯一受邀参加的老师。学生们说自己有一个共同的称号——戴老师的学生，我认为这是我教育生涯中最高的荣誉。

在参加工作的第二年，我还是一个单身的小姑娘，就做了一场家庭教育讲座——我自告奋勇，校长点头同意了。讲座的内容是结合自己大学时学的一点理论，再加上一点点班主任工作经验，以及听过的一次家庭教育专家讲座的精华。我还记得，当时学校的阶梯教室里坐满了家长，我的讲座效果很好——赢得了家长的阵阵掌声和校长的赞许。

后来，我结婚了。再后来，我有女儿了。我满心期待和自己的孩子之间有一段美好的关系，现实却陷入了困境。

1.青春期对抗更年期

我的女儿聪明、漂亮，从小我就让她去学习舞蹈和书法，给她创造机会让她上台表演、主持节目，女儿的成绩也不错，旁人见了总是夸赞她。每当这时，我都有些不安。说实话，外人看到的往往只是表象，女儿潜藏在表象背后的、只有父母才能感受到的学习习惯、性格和情绪上的问题，却让我隐隐地有一些焦虑。

我观察我的女儿，觉得她有一些疲疲沓沓，学什么都没有同龄小朋友有兴趣。学校组织的考试，全优的成绩背后是我对她的专门辅导。从一年级开始，她就在校外机构学习舞蹈、书法，随着年级增高，学的东西越来越多。双休日我们不是在培训班，就是在去培训班的路上——一个培训班和另一个培训班之间的学习时间间隔很短，要做好充分的对接才能保证不迟到。随之而来的，是我和女儿的关系越来越紧张。记忆犹新的是，女儿四年级的时候，我要去山西出差一周，适逢期中考试，我真的有很多担心：担心她学习放松，担心我不在她会考砸。没想到，当女儿从老师（我的同事）那里得知我要出差时，却开心得很。听到同事笑着描述女儿开心的样子，我心里真有些五味杂陈。

很快，女儿进入了青春叛逆期，我也进入了"更年期"。有两年时间，先生去外地工作，就剩我每天跟女儿在家斗智斗勇。为了提高她的成绩，我给她报了N个培训班，有的是直接到老师家接受辅导。她很不情愿。稍不留意，我们就会产生言语冲突——家里经常上演"青春期遇到更年期"大戏。她的成绩每况愈下，我们的亲子冲突也愈演愈烈。我发现女儿越来越不服管，虽很气愤，但也无奈。

2.专家的高招失效了

随着女儿长大，我越来越发现，教育孩子根本不能完全按照书本上写的或者专家说的方法去做。

别人的方法用在我女儿身上根本行不通。大学里学到的东西中，对我影响很大的是"刺激-反应"行为主义，就是通过后天的学习和训练，得到相应的教育结果。一开始，女儿在外面不敢、不愿意叫人，我就在家里对她进行训练。题目不会做，反复演练。我坚信，一个刺激一个反应，训练就会得到相应的结果。很快地，我发现行不通：有时候刺激和反应是不对应的——反复的训练不能得到我期望中的效果。

同事的方法在我家也行不通。同事告诉我：一定要让孩子先玩再学，玩够了，孩子学习一定会非常认真。我觉得有道理，于是，我在女儿身上试用。但我发现，女儿玩够以后再坐在书桌前就精疲力竭了，连提笔的力气似乎都没有了。

3.贴心小棉袄扎心了

在陪伴女儿慢慢长大的过程中，我感觉到我的家庭教育出现了问题。

作为老师，我培养了很多成绩优异、阳光向上的学生；每一届学生也都很尊敬我、依恋我。有的学生长大了，仍然和我保持着密切联系。有一次，女儿摔了一跤，晚上10点，我感觉她的鼻子有点肿，想着第二天又没有时间带她去看医生，就给一个学生发短信，问他有没有空，能否带我女儿去医院。学生收到信息，二话没说，直接回复"我过来"。当时还是一个孩子的他带我女儿去了医院。两个孩子不知道挂什么科，一开始挂了骨科，后来在医生的指导下挂了耳鼻喉科。

与学生和我的亲近相比，女儿对我却显得疏离许多。当时的我，只是想着我生了一个不懂事的孩子，却不知道真正的原因是什么。回忆起有一次，一群学生到我家玩，其中一个调皮的小男孩说，戴老师对我们这么好，却对自己的女儿很凶。是这样吗？我如被迎头一击。我怎么会对学生好，而对自己的孩子不好呢？不可能！对孩子要求严格，让她做到最好，这就是父母的爱——全然的爱、纯粹的爱，目的只有一个——为孩子好！我给自己找到了天下父母通用的理由。

4.扎心后的思考

日益紧张的亲子关系给我带来了巨大的困扰，让被认为有很强教育能力的我亦无法排除。有时候，我甚至想，会不会有的人就是能教好别人家的孩子，却教不好自己的孩子呢？会不会有的人就是处理不好与最亲密的人的关系而和远一点的人的关系处理得很好呢？可能我就是这样的人。我陷入了思考，也陷入了烦恼和担心。

会吗？有这样的人吗？有一天，我听到了这样一个比喻，直接证明，这个想法的荒谬：有没有一朵花一里之内不香而十里之外很香，有没有一个火炉一米之内不暖而十米之外很暖？显然，答案是否定的。

与最亲密的人的关系处理不好，肯定是因为我们的观念和方法有了问题。正确的家庭教育的观念和方法是怎样的？我不知道，我要去寻找。就这样，我踏上了求索之旅。

我知道的是，我要探求家庭教育的真谛；不知道的是，我踏上的竟然是一趟追寻自我的旅程。

我从亲子关系的门槛迈进去，看到的却是整个人生。

我从亲子关系的门槛迈进去，
看到的却是整个人生。

亲言细语 〇一

六（2）班的故事

新学年，我被安排教六（2）班的德育课。接手这个快要毕业的班级，第一节课，为和孩子们拉近距离，我想找一个容易引起共鸣的话题和孩子们交谈。谈谈"母爱"吧，平凡又伟大。我找了一些故事，有音频和视频，其中有一首歌唱母爱的歌曲——《天之大》，视频中一个小男孩动情演唱，唱得很好，节目现场的嘉宾都感动得流下了眼泪。我想，这么多感人的材料用上，一定会让孩子们感动得一塌糊涂。

1.对于"母爱"的集体"控诉"

一上课,我就创设情境,把门窗都关上了,不想孩子们受干扰。

"孩子们——"

"哎。"

"我们来听首歌,好吗?"

"好!"

"来,闭上眼睛。"

音乐响起来了,很好听,我被感动了。但看看孩子们,他们好像没什么感觉——可能是因为只听了一遍,情绪还没有起来。

"我们再来听一遍。"我信心满满地说。

第二遍听完。

"孩子们,这首歌唱的是什么?"

"妈妈的爱。"

"是啊,是妈妈给我们的爱。"我说,"孩子们,今天我们聊的话题就是母爱。大家都来聊聊,妈妈给我们的爱是怎样的，妈妈平时对我们的举动有哪些让我们感动？"

全班无一人举手，一片沉默。

"谁来聊聊？说说你和妈妈之间的故事，说说妈妈对你的关心和爱。"我继续用鼓励的眼神看着他们。

沉默。眼神坚定，却没有一个人举手。

"可能是一些很小的事情，别人看起来微不足道，但足以让你感受到妈妈的爱——其实父母对孩子的爱都是一些平凡小事。"我继续启发。

依旧无一人举手回答。这些小家伙的表现让我有些措手不及。

"孩子们，是不是妈妈给你的感受和歌曲中唱的不一样啊？"我不由得问。

"对！"全班回答，异口同声。

"谁来说一说，妈妈平时的行为是怎样的，她是怎么做的？"

几乎全班的孩子都举起了手。

一个学生说："我的妈妈总是控制我。一会儿叫我做语文，语文没做完，就叫我做数学，数学没有做完，又叫我做别的，没做好，就骂我。"

第二个学生接着说："我的妈妈在给我报补课班的时候，问我'这个你想不想报'，我说'不想'。过了一段时间，她说'我给你报好了'。"

第三个学生发言："我的妈妈总是拿我和成绩好的孩子比较：我本来每天只做一项自主作业，她看到成绩好的同学做了很多项自主作业，要我也做那么多。我很生气，控制不住自己的脾气，就把本子撕掉了。妈妈就在旁边哭。"

第四个学生说："每天我上完课回家，很累，想休息一下，妈妈却一个劲儿地问我今天在学校里情况怎样，学了些什么。我觉得好累！"

高举的手一个都不肯放下，我只好又叫了一位。

第五个学生发言："我妈妈和××的妈妈一样，总是拿我的缺点和人家的优点比较。我抗议，妈妈说'我要你把所有的缺点都改掉，都变成优点，这样你就完美了'。"

……

这是我给六（2）班的孩子上的第一节课，本以为孩子们会因为感动于母爱的伟大而哭得稀里哗啦，结果却收获了一片对母亲的"控诉"。

2.修复之路漫漫

接下来，我用了四个课时来修复六（2）班孩子和父母的关系。我跟孩子讲亲子故事，告诉孩子们如何理解和接纳不完美的父母，指导他们如何跟父母沟通，最重要的环节是，我让孩子们给父母写信。

写这封信时，适逢孩子们经历了一次阶段性的考试，有人欢喜有人忧愁。我对这封信的要求是，敞开心扉对爸爸妈妈说心里话。我还做了简单的写法指导，比如说：第一部分写想跟父母说的心里话——可以是受过的委屈、想提的要求等等；第二部分写从前几节课我讲的故事和道理中得到的感悟、自己的看法等；第三部分是对这次考试的态度，基本的态度——考得好，不骄傲；考不好，也不要紧，每个人都有自己擅长的地方，求学还在路上。我给每个孩子买了一根"长鼻王"，让他们塞进信封交给家长。这封信，不在乎文笔好不好，不检查有无错别字，只要是敞开心扉的，就是完美的。

当场写信。有的孩子写好了给我看，我给予了肯定；有的孩子不愿意给我看的，我也不强求。我注意到讲台右边靠墙的那一组第三排有一个女孩子，信写好了，低着头，眼里有泪。她不愿意把信给我看，我尊重她。

我要求，家长给孩子们回信。

3.不意外的结局

接下来，分享父母的回信。

有的孩子愿意当着同学们的面读爸爸妈妈的回信。一个女孩子哭着读母亲的信，我问她为什么哭，她说没想到母亲的落款是"最爱你的妈妈"。前面提到的那个难过的女孩子，下课后在走廊上追上我，给我看了她爸爸的回信。爸爸在回信上说：爸爸很后悔，以前总是动手打你和妈妈，爸爸向你道歉，爸爸一定改！我抱了抱小女孩——我懂她。

那节课下课前,我问:觉得自己和父母关系已经打通的举手。我拿起手机拍了一张照片。后来我数了一下,有90%的孩子举起了手。

还有几个落寞的孩子没有举手。其中一个女孩子愿意给我看她妈妈的回信。我看了信,她妈妈对她直呼其名,信的大致内容是她妈妈对她很失望,认为她的学习应该更加认真些,结尾竟然将落款直接省略。我后来跟她的妈妈进行了单独的交流,效果很好。

4.流泪后的思考

六(2)班的这个故事我在很多场合跟家长分享过,即使过去几年了,至今历历在目。

我们总是说:"现在的孩子怎么了,怎么这么不懂事,这么不懂父母的心?父母是世界上最爱孩子的人,我们做的一切都是为孩子好,可孩子们……"我们看到了孩子的种种不是,唯独没想过是自己没将为人父母的角色扮演好,甚至没有意识到我们给孩子带去的父爱母爱不再是书本上写的、歌中唱的那样——我们给的父爱母爱好像变味了，有一股浓浓的硝烟味。

逼着孩子做作业、补课，把自己的孩子和别人的孩子比较，总是指出孩子的缺点，抱怨孩子不够懂事，和孩子之间的交流缺乏温柔与耐心，动辄大喊大骂、大打出手……这些是望子成龙、望女成凤、急功近利的父母常有的行为，也是将孩子的心越推越远的行为。

其实不是孩子不懂爱，也不是孩子不爱父母。孩子的表现是果，因在父母这里。

从前，我们总执着于问孩子为什么不够优秀，现在，我们是不是应该转而自问："我是否知道如何给优秀的孩子做父母？"

从前，我们总执着于问
孩子为什么不够优秀，
现在，我们是不是应该转而自问：
"我是否知道如何给优秀的孩子做父母？"

孩子必须赢在起跑线上吗

1. 对"不要让孩子输在起跑线上"追根溯源

起跑线是运动员起跑的位置。起跑线上的分毫之差对于短跑比赛有重要意义。

"不要让孩子输在起跑线上"是中国人耳熟能详的一句话。我认真地对这句话进行了追根溯源。曾任教育部副部长的中国工程院院士韦钰(1993—2002年任教育部副部长)曾提出过"中国教育不能输在起跑线上"。2015年,韦钰院士在接受《解放周末》采访时向公众解释这句话提出的背景和含义。"在世纪之交,由于脑研究的最新成果不断涌现,许多国家都紧急调整了儿童早期发展政策。正是在这种背景下,我强调'中国教育不能输在起跑线上'。我们必须重视早期教育。这个时候,父母不应该忙着去赚钱,说等我赚了钱再来陪你,到那时就晚了。由于脑的发展是连续的,后期的发育需要在前期发育的基础上进行,如果错过了一些脑发育的关键期,一生都很难弥补。0到3岁是个关键期,而且在这段时间里,没有人能代替家长,只有家长才能给你自己的孩子最好的童年。"

我认为,"不要让孩子输在起跑线上"的意思是,从孩子一生下来,父母就要把孩子的发展放在首位,给孩子提供一个稳定的、温暖的、健康的、积极互动的环境——给孩子向前奔跑的一生画一条坚实的起跑线。

2002年,民主与建设出版社出版了《不要让孩子输在起跑线上》一书,作者是郑思奋。我在百度上查到编辑推荐:"中国最具影响力的教育方法。孩子的起跑线并不在于金钱与物质的堆垒!很多人输在了看不见的起跑线上——家庭教育！可以说不让孩子输在起跑线上就是家长不要落后在家庭教育的理念上。本书中的丁恒母亲其实也是一位普通知识分子，孩子之所以能全面发展，就得益于母亲把一些成功的教育方法首先内化为自身的理念，然后对孩子进行了适度教育……"

让孩子"不输在起跑线上"，是要让父母回归家庭教育，用爱与陪伴来守护孩子的成长。

2.被误读的"不要让孩子输在起跑线上"

"不要让孩子输在起跑线上。"和很多人一样，我第一次听到这句话是在某奶粉的电视广告上。后来，这句话随着各种早教产品、教培机构的广而告之，深深扎根中国父母心，牵动了无数中国家长的神经。

家长把"不要让孩子输在起跑线上"这句话理解为对孩子的教育要趁早、趁早、再趁早，中国式的家长在孩子很小，甚至是发现自己怀孕之后，就开始为起跑线而奋斗：你的孩子6岁认字，我的孩子就从3岁开始背诗；你的孩子3岁学习才艺，我的孩子胎教就开始浸润于古典音乐……总之，不能落后于人。为此，"起跑线"越画越早。结果如何呢？焦虑的父母倾注了大量的时间、精力和财力去培训孩子，漫天飞舞的焦虑和无时不在的攀比，让孩子无法享受正常的童年，家长的"争先恐后"造就了身心俱疲的孩子，大街小巷背着硕大书包的"小眼镜"屡见不鲜。

还有的父母，在孩子很小的时候就将其独自送到国外，美其名曰接受"更先进"的教育，似乎是让孩子快人一步冲出"国际理解教育"的起跑线，但却在孩子世界观、价值观形成关键期错失了言传身教。独在异乡为异客的孤寂，使之成为找不到精神故乡，又不能真正融入他乡的"空心人"。

全社会对"不要让孩子输在起跑线上"的误读，把中国家长及其家庭教育严重带偏了！

3.孩子究竟从哪里起跑

人生的起跑线到底在哪里？是小升初、幼升小的关键时刻？或者0~3岁的早期教育？都不是！

不论是从韦钰院士的公开解答里,还是《不要让孩子输在起跑线上》这本教育书籍里,只要是从"人的一生"来看教育,孩子的起跑线都不是指孩子,而是指父母。

父母是孩子的起跑线。父母营造的家庭环境,父母的道德三观、学识修养都直接决定了孩子从哪里跑、怎么跑,以及将来跑向哪里。

4.起跑线焦虑的连锁反应

当下,电商平台主播直播带货异常火爆,直播间里,主播口若悬河,介绍起产品头头是道,惹得顾客心痒手痒,购买欲熊熊燃烧。一般情况下,我大多看个热闹,欣欣然捧个人场,唯一不能接受的是主播们推销教辅资料和教培课程。那天直播间请来的嘉宾是一位孩子考上了清华大学的母亲,她大谈题海战术和应试技巧,似乎你买了主播的课程和教辅资料,你的孩子也就能考上清华、北大。我想,此刻该有多少年轻的父母被这些主播的口舌激起了购买的欲望,大买特买,然后强迫自己的孩子去补课、去刷题，逼孩子去考父母们没有考上的重点高中或者大学，让孩子去完成父母们没有实现的名校梦，去实现父母们认为的所谓成功。我黯然神伤。

在这种教育下建立起来的亲子关系是扭曲的、恶劣的。孩子成了"刷题机器"，成了行走的"考分显示器"，成了代替父母赢的"工具人"。这样的孩子难免在青春期甚至是更早的时候就会与父母发生激烈的战争、厌学、叛逆、抑郁，甚至产生更极端的行为。2020年初，突如其来的疫情让此类亲子矛盾凸显，学生因情绪引发的各种行为问题一度成为突出的社会问题，引起政府和全社会共同呼吁加强少年儿童心理危机干预和家庭教育指导。

当新闻报道中，又一个鲜活的花季少年因为不堪学业压力和亲子矛盾而试图以极端的方式结束自己的生命时，我不禁要问：这样的"提前冲线"难道是家长们不遗余力所要争取的"赢"吗？父母不知道，他们的行为恰恰会让孩子输了人生。

5.人生起跑线是个荒谬的悖论

亲爱的父母,如果孩子的人生是5米、10米、50米短跑,那么起跑的快慢才有机会影响比赛的最终成绩。但是,孩子几十年的人生并非短跑,而是一场漫长的马拉松,先发未必制人,后发也未必制于人——有跑完全程的信念及能力,能享受奔跑的快乐才更重要。

"不让孩子输在起跑线上",恰恰是用指导短跑的战术指导孩子进行人生的马拉松,岂不荒谬?

何况,马拉松比赛以冲过终点的先后定输赢,人生马拉松难道也要抢先冲过生命的终点线?人生根本就不是一场比赛,不必抢着冲线,更遑论赢在起跑线。

人生的马拉松,是一程又一程的接力,可以走一程、可以跑一程,可以紧一程、可以慢一程,一程有一程的风景,一程有一程的收获——只要愿意,任何时候起跑都不晚。

漫漫人生,体验感受、感受体验每一个当下生命的滋味,就是活着的全部意义。

亲言细语 ○三

漫漫人生，
体验感受、感受体验
每一个当下生命的滋味，
就是活着的全部意义。

第二章 孩子问题的根源是什么

大家总抱怨我们的教育出了问题，我们的孩子出了问题：不爱学习、不懂感恩、不会思考、不晓节制……这一章，我们就一起来寻找孩子问题的根源，也可以说，这是决定孩子命运的根源。

原件vs复印件

1.复印件上的错别字来自原件

在一次培训中,我听老师讲了三个简单的故事。

第一个是原件和复印件的故事。父母是原件,孩子是复印件,如果有一天你发现复印件上有几个错别字,就去埋怨复印件吗?肯定不对——一定是原件有问题,不是复印件不好。

第二个故事是关于老母鸡和小鸡崽儿的。有一只老母鸡带着一群小鸡崽儿去水边玩,看到一群小鸭子在游泳,老母鸡就说:"孩子啊,下去和它们玩一玩!"小鸡崽儿回答:"妈妈,我们不会游泳啊!"老母鸡怒斥:"笨蛋,人家比你们小都会游,你们怎么不会游呢?"小鸡崽儿们很委屈,它们很想问老母鸡:"妈妈,您会游泳吗?"可是它们不敢问,因为如果问了,老母鸡就会大发雷霆。

第三个故事是苦瓜的故事。有个农民种了一棵苦瓜秧,苦瓜秧旁边种了一棵黄瓜秧,都结果了。苦瓜秧一看黄瓜秧的果子那么光滑漂亮,自己的果子又丑又苦,就把苦瓜骂了一顿,埋怨苦瓜为什么不能像黄瓜一样美丽。

让人呵呵一笑的三个故事,揭示了孩子问题的根源:复印件上的错别字来自原件,小鸡不会游泳是因为它们是母鸡的孩子,苦瓜的种子结不出黄瓜。

所以,孩子问题的根源,都来自父母。

2.知道,更需要认同

"孩子的问题都来自父母",这句话或者类似的

接受问题是解决问题的第一步,
愿意改变比已经改变更重要。

亲言细语 〇四

话,我相信很多人都听到过。

我第一次把这句话讲给我先生听的时候,他只是淡淡地说:"这个我当然知道。"

头脑层面的知道和内心的完全认同是有很大的距离的。以前,我也知道孩子的很多问题是由我造成的。百分之百?我不认同,我认为有些问题是我的,有些问题是孩子自己的。女儿高一那年,我和她有一次争执。交流之后,我彻底臣服:孩子所有的问题都是我的问题。那一年,我的女儿15岁,我确信百分之百是我的问题。如果女儿是12岁或者更小,那就不是百分之百而是百分之两百。你认同吗?

当我真正接受了孩子所有的问题都是我的问题时,我的内心竟然一下子有了力量,问题的解决也由此开始了。我决定,全然改变自己。

接受问题是解决问题的第一步,愿意改变比已经改变更重要。

从我决心出发寻找家庭教育的真谛,到我决定全然成长和改变自己,这是一次飞跃和突破。我第一次发

亲言细语 〇五

我第一次发现，
解决问题不是向外改变别人，
而是向内改变自己。

现，解决问题不是向外改变别人，而是向内改变自己。

从此，"向内"走的每一步，我都很笃定。

3.回到自身，关注自己

承认孩子的问题百分之百来自父母，家长可能不是很开心。有的家长可能会觉得："百分之百都是家长的问题，那学校就没有问题，社会就没有问题了吗？家长哪有那么多问题！"那我要问了：孩子一生下来就抛给社会了吗？3岁前是和谁接触的，中国为什么有一句话叫"三岁看大"？7岁之前孩子还没有送到学校，孩子的性情却为什么有那么大的差异，中国又为什么有一句话叫"七岁看老"？

孩子7岁以前的认知风格、行为习惯、个性特征已基本成形，一个7岁孩子大脑发育的成熟度和成人已经非常接近了，一个人一生最重要的本领几乎都是学龄前阶段获得的。很多父母在焦虑、纠结、埋怨孩子的问题的时候，在羡慕"别人家孩子"的时候，有没有考虑到自己才是教育最重要的力量，父母和孩子一起成长才是教育最重要的基础和基石，父母对教育的认知才是教育成功最重要的元素？

只有当家长百分之百地承担起家庭教育责任的时候，孩子的问题才会解决。

我们解决不了社会问题，我们改变不了教育体制，我们可以改变自己。当我们每一个人开始回到自身、关注自己、承担责任的时候，社会的问题才会解决。

4.原来孩子是一个生物机器人

追溯生命的源头，其实都是空白的。刚出生的小婴儿，谁都不知道未来他会是个什么样子：是默默无闻，还是声名显赫；是碌碌无能，还是大有可为；是困处泥涂，还是青云直上……他就是一张白纸，是一个空瓶子。这张白纸将由谁画，这个空瓶子将由谁装？为人父母者一定要明白。

从出生到7岁，孩子是没有分别心的。孩子跟成人不一样——成人前面有一张网，可以有选择地、辩证地接受信息。而孩子的面前是没有这张网的，他们是没有

我们解决不了社会问题，
我们改变不了教育体制，
我们可以改变自己。
当我们每一个人开始回到自身、
关注自己、承担责任的时候，
社会的问题才会解决。

亲言细语 〇六

分别心的，无法判断成人做的事，哪些是对的，哪些是错的，他只是全然平等地去感知。他将自己所能感知的一切都输入他的潜意识里——他的眼耳鼻舌身，触碰到的一切都进入了潜意识里。弗洛伊德说过，潜意识决定一个人的命运。潜意识是通过我们的显意识储存进去的：今天我们骂了一个人，骂人是显意识，骂完以后就进入了潜意识；今天我们赞美了一个人，赞美是显意识，赞美完了就进入了潜意识……

从这种意义上说，孩子是台"生物机器人"。他的潜意识是在年幼时由其父母的显意识来存储进去的。父母的行为相当于这个机器人的运行程序，是程序命令机器运行，所以——

父母的行为决定了孩子将来的思想和行为，决定了孩子将来的命运。

5.家庭暴力来自家族基因

这个故事曾经在社会上引起轩然大波。一个英语培训机构的创始人，对他的妻子有严重的家暴行为，造

亲言细语 〇七

父母的行为决定了孩子将来的思想和行为,
决定了孩子将来的命运。

成了家庭的破裂，事业的急剧下滑。他家暴是道德问题吗？是，又不是。他自述，他小时候寄宿在外婆家，父母远在外地。回到父母身边后，他与父母并不亲近，甚至连爸爸妈妈都叫不出口。虽然他的父母都是高级知识分子，但他自述"父母对我还是很粗暴的，打击性教育"。他也曾表露，父母关系并不和谐，"父母之间也有很激烈的争吵"，甚至用言语暴力处理矛盾。可以说，他的家庭悲剧来自上一代的投射——很多暴力家庭皆如此。

有一次，在学校走廊的椅子上，我看到一个年轻女士背对着我的方向坐着。上前一问，才知道是一个小朋友的家长。听同事说过，这个孩子在班级对其他同学经常有侵犯性行为，没办法才叫学生的妈妈过来。我跟这位妈妈交流，她表情冷漠。我进一步了解到，这个家庭的外公长期对自己的妻子和女儿（也就是这位妈妈）有暴力行为，这位年轻的母亲表示那时苦不堪言。下课后，正好这个孩子跑出来玩。我把他叫过来，问他在家里谁会打他。他指了指他的母亲，说："外公和她。"

代代相传的性格、情绪，就是家族基因。父母给孩子的潜意识注入了什么样的家族基因，决定了孩子未来面对问题时的思想和行为。

也就是说，面对同样的问题，你的孩子怎么想，都是由父母早期给予孩子的思想和行为所决定的。越是早期，对孩子的影响越大。研究表明：一个孕期5个月的孕妇所有超过5天的情绪，都会对孩子产生影响，甚至成为孩子一生的性格。

所以，对家长的教育应该在更早的时候开始。

随后有一天，我把这位母亲和她的先生叫到办公室交谈。临走时，她泪流满面，说："从来没有人跟我说过这些呀。"

代代相传的性格、情绪,
就是家族基因。
父母给孩子的潜意识注入了什么样
的家族基因,
决定了孩子未来面对问题时的思想
和行为。

擦掉原件上的"错别字"

当内心真正认可了原件与复印件，接受了孩子所有的问题要从父母改起，我的改变也在悄然发生。

1.从生气到自省

以前我发现女儿有问题时，首先是提醒她；没有效果，就教育她；还没有成效，我就开始生气、焦虑、担心。而一旦进入担心这个程序，随之出现的往往就是你担心什么，就会发生什么——你所担心的孩子的问题会一一出现。

懂得了原件和复印件的原理，情况就不一样了。我看到女儿有什么问题，首先接受孩子的问题就是我的问题——真的，只要下定决心，孩子所有的问题就都能在父母身上追根溯源。我是一切的根源，所以我再也不是第一时间指责女儿，而是勇敢地担起责任，向女儿真诚道歉：妈妈没有做好榜样！我改变自己，女儿的问题自然就消失了。

发现孩子的问题，要改变的是我潜在的问题，而不是责怪孩子。我好了，孩子自然就会好——这样的思维和方法给了我无比的信心。

哦，原来，我对家庭教育的认识曾是那么狭隘——

我原以为家庭教育就是给孩子讲道理、提要求、定规矩，殊不知孩子不是听父母的说教长大的，而是看着父母的背影长大的。

2.从焦虑到交托

在网络上曾经看到这样一张照片：拥挤的地铁车厢里坐着两对母子，其中一位妈妈捧着书，依偎在她身旁

我原以为家庭教育就是给孩子讲道理、
提要求、定规矩，
殊不知孩子不是听父母的说教长大的，
而是看着父母的背影长大的。

亲言细语

的孩子也捧着书本；另一位妈妈拿着手机，身旁的孩子手里虽然被塞了一本书，但是他的脑袋却歪向了妈妈的手机。这张照片每个人都能看明白：爱阅读的家长，孩子也爱阅读；而喜欢玩手机的家长，孩子伸长脖子看的是妈妈的手机屏幕。

父母是原件，孩子是复印件。我开始从身边平凡的点滴事件来比对"原件"和"复印件"的关系：如果"原件"不尊敬长辈，"复印件"肯定也处理不好自己和父母的关系；如果"原件"流连于棋牌房和手机游戏，"复印件"也会喜欢这类游戏；"原件"到家里就拿着手机躺在沙发上刷屏，"复印件"多半也不会喜欢阅读看书……

我们以为家庭教育就是花钱请老师给孩子补课。学校旁边的晚托机构越来越多，媒体报道"一个高中学生的家长月薪3万都撑不起孩子的一个暑假"。有的家长更是出巨资让孩子出国留学。如果用钱就能解决孩子的教育问题，那么有钱人家的孩子应该是最有出息的，但事实并非如此。

很多时候，我们用说教、花钱替代了身为家长应该承担的责任和应有的付出。

亲言细语 十

很多时候，
我们用说教、花钱替代了
身为家长应该承担的责任
和应有的付出。

培养孩子，不是给孩子讲道理、定规矩，也不是将孩子拜托给晚托机构和培训班的老师，而是向内改变和完善自己，在自己的心底下功夫，练就一个平和而强大的内心——这颗心是你唯一的、真正的老师。

从此，在自己身上下功夫，做最好的自己，对孩子亦是交托。

3.从表象到印心

父母是以整个生命参与家庭教育的，不管自己的孩子是近在眼前还是远在天边。

老一辈曾经教导我们说：夫妻不要在孩子面前吵架，这对孩子的教育有不好的影响；吵架要到孩子听不到的地方去吵。我们以为孩子看不见、听不见，就不会受影响。其实，孩子也许听不到、看不到，但是他是能感觉到的——感觉重要且真实。每一对父母与子女都是生死之交，生死之交是有心电感应的。

我在这边身体不舒服，远在老家的妈妈就难以入睡，因为心是相通的。相爱的两个人即使分隔在天南海

父母是以整个生命参与家庭教育的,
不管自己的孩子是近在眼前还是远在天边。

亲言细语 十一

北,也能感觉到彼此的想念,因为心是相通的。所以父母有没有做最好的自己,不应只注意自己的言行——不仅是让孩子看到,而且还要让孩子感觉到。孩子在学校上课,父母在单位上班,虽然互相看不到,但这一天是"摸鱼"度过,还是认真对待,孩子与父母都能相互觉察到。家长的工作态度,就是孩子的学习态度。

原件的改变从言行深入心灵——不,是从心灵延伸到言行。对,首先改变的是自己的心灵,言行只是心的表达——心对了,一切都对了。

4.父母的存在本身就是家庭教育

主持人董卿说过一句话,她说:"你要想你的孩子成为什么样的人,你首先得是什么样的人。"真的,家庭教育没有别的路。

很多时候,我们真的以为家庭教育就是对孩子的教育,就是跟孩子讲道理、谈观点、提要求,觉悟高一点的家长接受自己在孩子面前的言行会影响到孩子,所以会注意自己在孩子面前的一言一行。但原件和复印件的关系

亲言细语 十二

我们无时无刻不在做家庭教育，
父母的存在本身就是家庭教育。

让我意识到：

我们无时无刻不在做家庭教育，父母的存在本身就是家庭教育。

5.本分即是榜样

在讲座中，有家长提问："家长要成为孩子的榜样，要孩子怎样，家长就得活成那样，处处要求家长和孩子一样，那家长岂不是要累死了？老师，如果孩子在读高三，那么家长也要保持高三的状态吗？那家长的压力太大了。"

亲爱的家长，这里的"榜样"是指本分，要想孩子怎么样，家长就要先做到那样，这是指每个人都要尽好自己的本分：职工遵守自己的职业道德，学生有学生的行为准则……父母尽到了为人父母的本分，孩子才会尽为人子女的本分——每个人把自己的本分尽到就可以了。安分守己，各司其职，就是榜样。

职工遵守自己的职业道德,
学生有学生的行为准则……
父母尽到了为人父母的本分,
孩子才会尽为人子女的本分——
每个人把自己的本分尽到就可以了。
安分守己,各司其职,就是榜样。

亲言细语 十三

死结迎刃而解

以前,做作业和睡觉是我家亲子矛盾的两大焦点和冲突的导火线。自从我领悟了原件与复印件的原理,死结就迎刃而解啦!

1.做作业不再鸡飞狗跳

以前女儿做作业,我坐在边上,美其名曰陪着,其实是盯着,但效果不好,感觉女儿的心很难静下来。她一会儿摸摸这里,一会儿摸摸那里——我眼里看着,心里急得不行,只能暗暗对自己说:不生气、不生气,亲生的、亲生的。但女儿总有办法突破我的底线,令我火冒三丈。有段时间,我尝试运用专家介绍的方法,就是坐在一旁悄悄地记录孩子做作业的情况:几点几分到几点几分在做作业,几点几分到几点几分在讲话或做小动作。整个做作业过程结束后,统计做作业花了多长时间,做小动作又用了多少时间,有效时间和无效时间是多少。试过几次,每次都没有坚持记到最后就火大了。

懂得了原件和复印件的原理,女儿写作业,本人再也不奉陪了。

当女儿在书房做作业,我就到另一个房间看书或者到厨房做家务。我发现,当我专心致志地看自己的书或者做自己的事时,当我全然投入或者享受眼前的事情而忘却了女儿,根本不记得去看她、盯着她的时候,女儿的学习效率反而更高了。

2.睡觉拖延症不再无解

让女儿按时睡觉也不再是难题。以前,我和先生坐在沙发上,看着电视,一遍一遍地催女儿早点睡觉。而她总是拖拖拉拉,越睡越晚,第二天早上起不来,影响学习和健康。

后来,我用原件和复印件的原理来解决问题。有一天,我对先生说:"今天,我们不要再叫女儿早睡了,你听我的。"先生有些不解。那天晚上,我和先生把女儿接回家,我俩以迅雷不及掩耳之势洗漱、熄灯、睡觉。哈哈,女儿还没有反应过来,就发现家里灯关了,爸爸妈妈都睡了。没人陪她讲话,她也马上睡觉了。

3.把管孩子的力量收回来

有人问:家庭教育最大的误区是什么?我回答:家庭教育最大的误区是方向出了问题,我们把发力点都放在孩子身上,朝孩子使劲。

我们要把用在孩子身上的力气收回来,把劲往自己身上使,来促使自己成长。中国有一句古话:孩子不用管,全凭德行感。用谁的德行来感化孩子?父母。

你想你的孩子长大后成为什么样,请你自己先活

亲言细语 十四

我们要把用在孩子身上的力气收回来，
把劲往自己身上使，来促使自己成长。
中国有一句古话：
孩子不用管，
全凭德行感。
用谁的德行来感化孩子？
父母。

成那样。最好的家庭教育就是把管孩子的力量用来管自己,促使自己成长——不仅要自己成长,还要带着自己的伴侣一起成长和改变。我经常对我先生说,我们要成为最好的父母啊,这样我们的孩子才能成为最好的孩子。

在网上看到一篇《人民日报》上的文章《教育改革要从家长教育开始》。里面有这样一幅配图:图中把教育比喻成一棵树,树上的果实代表孩子的成就——这棵树的树叶是社会教育,树枝是学校教育,树干是家庭教育,而这棵树最关键的树根,是"家长教育"。

如果我们把孩子的成就比喻成一棵树的果实,要想果实丰硕,就不应该在果实上加营养,而应该在树根上下功夫。作为成年人,对家长的教育意味着家长的自我反思、学习和成长。

说的正是这个道理。

亲言细语 十五

如果我们把孩子的成就比喻
成一棵树的果实，
要想果实丰硕，
就不应该在果实上加营养，
而应该在树根上下功夫。
作为成年人，
对家长的教育意味着家长的
自我反思、学习和成长。

第三章 亲子关系,最重要的是『关系』

世界上所有的存在都是关系,无处不是关系。整个世界一切的存在,所有我们想要的结果,都是由诸多关系构成的。要想得到好的结果,就必须改善与之相关的关系。

关系管道通畅才是真正的陪伴

听到过这样一个比喻。

一个园丁想让花绽放,就把水、肥料直接浇在花蕾上,甚至把叶子、花瓣掰开,往里面浇。有人问他为什么这样做。园丁说:"我要的是花开,我不浇花,浇什么?"

一个妈妈说,我想让孩子学习成绩好,就要给孩子多上课——不带孩子去补课,孩子的学习成绩怎么能提高?

想要花开,不该浇花朵,应该去浇花的根部——我们觉得园丁好傻,难以理解。可是,回到孩子的学习中,我们是不是也像那个成绩不好就让孩子多补课的妈妈那样?

一朵花长成什么样是由什么决定的?是由阳光、雨露、土壤等要素决定的。

一个孩子的成绩好坏由什么决定?由所有关系到学习成绩的条件决定。

1.成绩不好,补课就行了吗

孩子一升入小学,马上就会遇到成绩问题,有的孩子一年级经常考100分,有的会考不及格。孩子的成绩不理想,我们会认为是孩子上的课还不够多,采取的措施就是补课。有效果吗?肯定有。

记得我女儿上小学一年级的时候,期末考试前的小测试分数不理想,我就把她的课本拿过来,找出这册课本的重点、难点,用了三天时间,单独进行辅导。结果,孩子期末考试成绩全优。到了二年级,我发现三天不够，就增加了一些。随着年级递增，需要的时间也越来越多。女儿小学阶段的期末考试全优成绩就是这么抓过来的。

这个办法有效吗？有效，但只是短期有效。初中呢，行吗？高中呢？所以，如果孩子成绩不好，就认为课上得不够而采用补课的方法，只是看到了问题的表象——改变了一种关系，却没有抓到问题的本质。

2.放松了就好了

问题的本质是什么呢？我不知道。但是我发现了一种现象：如果女儿和我的关系很好，两人心灵相通，我的情绪轻松饱满，她也是如此，那么她这次考试就一定不差；如果我俩的关系很紧张，我的情绪很不安，即使我不告诉他，她考试也发挥不好。

印象最深的是高一第一学期的期中考试，考三天。第一天晚上，女儿打电话回来，说："妈妈，我肯定考不好，题目好难啊！"如果是以前，我一定会按捺住自己不安的情绪，问她怎么回事，跟她一起分析问题，再叮嘱接下来该怎么做。但是那天不一样。当天早上,我出门的时候正好瞄了一眼女儿所在班级的家长群,看到家长们在分享。有位母亲分享,她的孩子担心考不好,她就告诉儿子:"有什么关系,大不了最后一名嘛!"我看后,心里好佩服这位家长的智慧。那一刻,我也感觉一下子放松了。

所以当晚接到女儿的电话,面对她的紧张,我轻轻松松地说了一句:"没事没事,不就是576名嘛。""你怎么知道?"女儿很诧异。"哎,今年你们学校高一共招收了576名学生啊!"女儿恍然大悟。我想,在电话的那一端,她的一颗心应该是放下去了。那一次考试,她的数理化竟然都进入了班级前十。

到底是什么原因?是我们把心放下了,放松了,考试反而发挥好,成绩会提高?我不知道。直到后来,我学习了关系管道的比喻,才彻底解决了我的困惑。

如果你发现孩子的学习出现了困难,不要急着给孩子补课。你要做的是当一个管道工,帮助孩子疏导生命关系的管道。

亲言细语 十六

如果你发现孩子的学习出现了困难,
不要急着给孩子补课。
你要做的是当一个管道工,
帮助孩子疏导生命关系的管道。

3.关系=管道

好智慧的比喻,把关系比喻成管道。管道是有形的,关系是无形的,但本质相同。比如,新装修的房子,水龙头管道很畅通,水流就很大。一年后水流变小,有人认为是水压不够,就加水压。其实,是管道堵塞了,把管道疏通了,水流就通畅了。管道粗且通畅无阻,可以比喻成亲近、敞开的关系;管道细、有堵塞,水流不畅,就像人和人之间彼此有隔阂,互相不理解,难以沟通。所以,关系是无形的管道,管道是有形的关系。

孩子的成绩也是这样。影响成绩有几大关系,当我们改善了这些关系后,就会发现孩子的成绩上去了,很简单。如果简单地采取补课的方法,就如同给长满锈迹的、堵塞的水龙头加压。

那正确的解决方式是什么?就是管道疏通,让水流通畅。

要提高孩子成绩,关键不是补课,而是打通生命中的关系，这里的关系包括孩子与父母、老师、学校、同学、社会……甚至是万事万物的关系。

4.一个家庭就是一个生态系统

孩子与父母的关系也就是亲子关系，是所有关系的基础。亲子关系没有处理好，其他关系都会出现问题。

女儿上小学的时候，我有一个很明显的感觉。如果把孩子的学习能力比喻成跑步，我的女儿学习能力是5分，懂得教育的我给她3分助力，她以"5+3"分的力量往前跑，应该跑得比别人更快啊，但我明显感觉孩子是以"5-3"的力量在跑。她不是和我往同一个方向跑步，而是给我一个抵抗力。她跑得很累，我也是。

明明是加法，结果却做成了减法。因为，我的着急、不满、担心、焦虑，让我们的亲子关系成了对抗和对立，我们的管道堵住了，我的爱、祝福和助力，女儿接收不到。父母和孩子只有关系好，关系的管道畅通，父母的爱、能量和祝福才会进入孩子的生命，才会给孩子的生命加分，否则就是减分。

亲子关系不只是父母跟孩子的关系，它在很大的程度上，还传承了父母与祖辈的关系，以及父母之间的关系。

有一位家长来请教他孩子的问题：初二的儿子不愿意上学，不去学校，不和父母讲话，整天把自己反锁在房间里玩游戏。

我听了以后，问他第一个问题："你和你爱人的关系怎么样？"

她回答："我们没有一件事情是有共同观点的。"

我的第二个问题："你家在哪里？"

她答："怎么说呢，可以说在杭州，也可以说在嘉兴，我也不确定。"女主人说不准家在哪里，可想而知孩子对家的感受。

"你和你父母的关系怎样？"我又问。

"太糟糕了，我妈妈这样的人，没有一个人愿意跟她好。"她说。

我的最后一个问题："那你和公婆呢？"

她说，和公婆本来没有明显的问题，但是因为老公

家庭注定是一个微妙、神奇的生命体组织，
而家庭教育本身的存在，
便是整个家庭生命的轮回和精神力量的传承。

不会做人，所以也让她对公婆没什么好脸色。

好了，事实很清楚了：她面前显现出儿子的问题（厌学、逃学、不与父母交流、沉溺于网络游戏），但隐藏的是她自己生命关系的问题。他们家最重要的生命管道都严重地堵塞了，即使他们有再多的爱与关怀，也流不到儿子的生命里。

生命是一棵树，长辈是树根，父母是树干，孩子是花果，要想花果丰收，就要在树根上下功夫，而不是在瓜果上加营养。所以，建立良好的亲子关系，除了要处理好和孩子的关系外，还要理顺自己与长辈之间的关系。家庭注定是一个微妙、神奇的生命体组织，而家庭教育的存在，便是整个家庭生命的轮回和精神力量的传承。

女儿18岁的成人礼，我想送给她一份别致的礼物。我从网上买了一个相册，里面放入我和爱人从相识、相爱、结婚以及女儿从婴儿一直到18岁的照片，还将我们和女儿的信件整理入册，有的照片下写了点滴的感悟。我笑着对女儿说："这本相册要代代传的哟——不是

亲言细语 十八

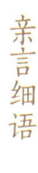

陪伴不是陪着，
真正的陪伴是以双方的关系管道通畅为前提的。

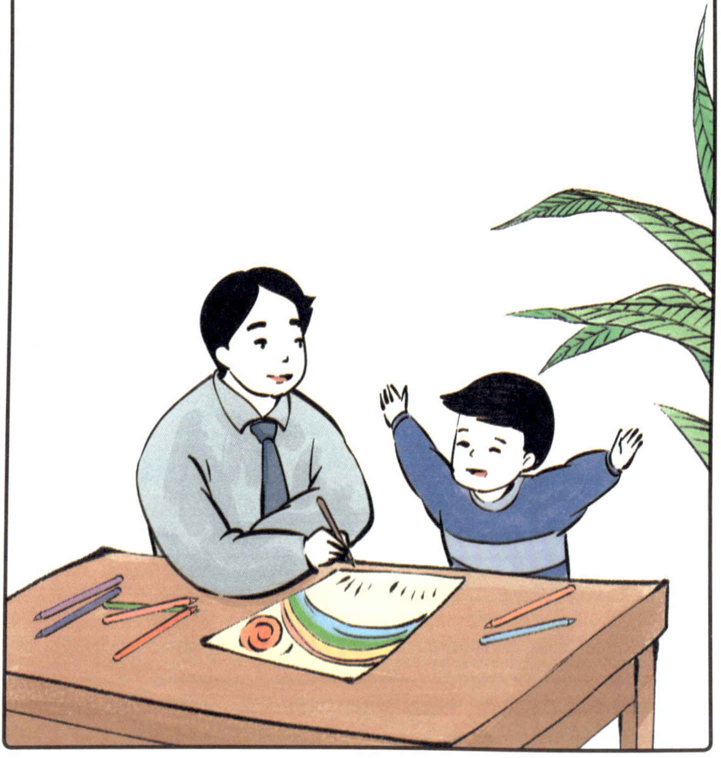

要后人知道我们的样子,而是要让他们知道生命的来处。"

5.陪伴的前提是关系管道畅通

懂得了家庭的关系管道对孩子的影响,我对陪伴有了更深的了解。陪伴并非待在一起,如果你和孩子的关系是紧张和拧巴的,管道是堵塞的,即使每天在一起,也不是真正意义上的陪伴。生活中,有这样的感觉:同样的话,有的父母对孩子说管用,有的不管用。为什么?因为说了不管用的家庭关系管道堵塞了。

陪伴不是陪着,真正的陪伴是以双方的关系管道通畅为前提的。

我同学的孩子今年小升初。新的岗位要求同学经常出差去外地,他有点发愁。我跟他说不要紧的,你只要让孩子感受到来自父亲的、稳定的、源源不断的爱和能量,也就是保持管道畅通就好了。

这让我想到,如果一个家庭里,夫妻关系是堵塞的,这个家庭即使看似完整,也会对孩子产生非常不好的影响。有的家庭，父母虽然离异了，但是他们做到了离婚只是夫妻之间换一种方式相处，对孩子来说，父母仍然是家人。虽然父母的婚姻关系结束了，但是他们与孩子的关系管道仍然是畅通的。

一个孩子的成长，是需要靠山的。这个靠山不是父母的地位和学识，也不是父母厚实的家底，而是支撑孩子生命成长的、整个家族家庭成员之间畅通的关系管道——他们之间爱的流动是源源不断、鲜活而又饱满的。

一个孩子的成长，
是需要靠山的。
这个靠山不是父母的地位和学识，
也不是父母厚实的家底，
而是支撑孩子生命成长的、
整个家族家庭成员之间畅通的关系管道——
他们之间爱的流动是源源不断、
鲜活而又饱满的。

亲言细语 十九

做好孩子生命的管道工

每一种关系就是一根管道,当你发现孩子的成绩有问题时,不要急着给孩子请老师补课,而要反思孩子生命的管道是否堵塞了。如果是,帮助孩子把生命中的种种关系打通。

1.改善和老师的关系

老师教我们知识,启发我们智慧,所以跟老师的关系非常重要。我们自己通常都是这样的:喜欢哪个老师，哪门功课就好；跟老师关系好的同学，成绩往往就好。很简单，关系好就是管道通畅。要搞好和老师的关系，就要让孩子尊敬老师。

父母要让孩子尊敬老师，首先自己要尊敬老师：经常在孩子面前赞美、感恩自己的老师；逢年过节，给老师打一个电话，发一条祝福的信息，保持谦逊和感恩的态度……看起来跟孩子的成绩没有关系，其实很有关系。如果有机会，带着孩子一起去拜访自己的老师，很容易就把孩子当下的状态改变了，特别有效。

父母不仅要尊敬自己的老师，还要尊敬孩子的老师。每次家访，我们不是在家里等着老师上门，而要让孩子在小区门口迎接老师。有段时间，女儿的班主任是刚参加工作的异乡年轻人，我是开车去接他来家访的。当然，家长做这一切的前提，必须是心怀感恩。家长不仅要和孩子的班主任老师互动，还要尽力和各学科的老师保持良好的关系。每次期中考试后就是例行的家长会，无论女儿考试成绩如何，家长会结束后，我都让她带着我，去拜访每一位学科老师，虚心地听取每位老师的意见和建议。

经常赞美孩子的老师,让孩子以老师为傲。每个人都不一样,每个人都有优点和缺点,时间久了难免会互相挑剔。当孩子抱怨老师的时候,父母需要把孩子的注意力引到老师的优点上;当老师对孩子有情绪的时候,父母也同样要把老师的注意力引到孩子的优点上。这样,孩子和老师之间才会有相互的信任。切忌在老师面前对孩子"落井下石"抱怨孩子或者和孩子一起去批判和挑剔老师——这些都是非常缺乏智慧的行为。

尊师重教是优良传统。大年初一,我发的第一条朋友圈,是感恩女儿成长路上的每一位老师,感恩全天下的老师。我相信:至诚通天,当我们的心足够有诚意的时候,足够信赖老师的时候,足够尊敬老师的时候,孩子就会获得一份能量,孩子的成绩就会提高。

2.改善与同伴的关系

孩子与同伴的交往对他的成长很重要。我当班主任的时候,发现有的家长总是担心自己的孩子厚道老实,会被人欺侮，会吃亏。不会的，肯定不会！越是厚道的孩子，小朋友越是喜欢与之交往，他们之间的管道是通畅的。

听过新东方创始人俞敏洪的演讲。俞敏洪在北大念书的时候，宿舍从来没有排过卫生值日表。因为他每天为宿舍打扫卫生，义务帮室友们打开水，这一干，就是四年。同学们时常嘲笑俞敏洪，天天被人占便宜、做亏本的买卖。俞敏洪却并不在意，只是笑着说道："大家都是同学，就得互帮互助，不要太计较。"若干年后，俞敏洪创办新东方，寻求合伙人。昔日的大学室友纷纷前来支援他，给予他资金、人力、经验等多重帮助。他们说："就冲着上学时，你老俞四年义务帮我们打开水这一件小事，我们料定你不会让我们吃亏，我们信你！"

有的家长担心班级里个别特殊的孩子会影响自己孩子的成长，甚至集体要求将特殊的孩子"清除"出班集体。

我个人认为，个别特殊孩子的存在，不会影响你的孩子——如果正确地引导，反而会促进孩子成长。比如，遇到智力或生理有缺陷的同学，可以引导孩子换位思考，培养同理心。但是，如果孩子看到父母总是评判孩子的同学、不接纳同学，甚至集体要求把同学清除出班级，这对孩子的影响才是负面的。父母在关键事件上的态度对孩子的成长有很大的教育意义。况且，对孩子来说，父母是"原件"，同学不是。

要改善孩子和同学的关系，给孩子四个工具，那就是：给予、赞美、帮助、尊重。

跟同学保持关系管道的畅通，跟同学关系好，就会得到同学的拥护、支持、帮助和鼓励，孩子的成长就会更美好。

3.改善与学校的关系

家长要和学校建立良好的关系。学校开展活动，积极参加，争做志愿者，给老师当好助手。班级要开展亲子活动，积极组织；班级有困难，主动施以援手。有这样的爸爸妈妈，孩子会觉得特别光荣，父母在孩子心中就是英雄，是高尚的形象。我有一个体会：对班级和学校事务特别热心、不仅爱自己的孩子、也爱别人家孩子的家长,他的孩子一般都发展得不错。

还有很重要的一点,就是当家长与学校发生一些摩擦时,能理性、平和地沟通。

有一次,一位年轻老师在课堂上因为一个小小的举动,把一个四年级的孩子脸上划出了一道浅浅的伤痕。家长打了110报警电话。事情虽小,但因为家长是报警而非投诉,会给老师的教育生涯带来很大的影响。于是,我花了十几天的时间和家长交流,动之以情,晓之以理。虽然孩子脸上的伤痕早就好了,但是家长仍旧不依不饶。有同事表示不解:"对这样的家长干吗如此费工夫,让警察来调查,看他能怎样!"

我始终保持克制。因为我知道,家长年轻气盛,是带着情绪来处理这件事情的。在重要事情上,成人的言行都会被孩子看在眼里。现在他还小,可能不会表达,也许十几年之后他会想起它——小小的事情给曾经的老师和母校的声誉造成了不好的影响。如果那时孩子很冷漠,就是我们在处理重要事情时没有做好孩子的榜样,没有给孩子以正向的教育，没有教会孩子理解和包容；如果十多年后他想起此事后悔莫及，就会给他的情感带来影响和伤害。

我的克制其实是想最大限度地保持孩子与学校管道的畅通，是为了孩子的成长。

4.改善其他方方面面的关系

当我们给花浇水时，花就会对我们绽放；当我们去爱树时，树会向我们招手……所以，用心、用爱，才能体会到那些看不见的奥妙。

（1）改善与学习环境的关系。

父母要为孩子营造一个独立、温馨的学习环境。一个人处在整洁的环境中，心情会更舒畅。打通孩子与学校学习环境的关系，引导孩子珍爱书本、学习用品。我记得小时候，父母要求我们用不能写字的纸如厕——这是没有文化的老一辈对知识最朴素的敬重。

（2）改善与社区乃至国家的关系。

一定不要在孩子面前抱怨国家，抱怨社会。跟孩子在一起，要引导孩子看社会好的一面，要充满正能量。

要引导孩子树立所有的学习最终都是为了回报社会的志向：你聪明的脑袋是父母所生，你的成绩和荣誉是老师的培养，只有把自己活成管道，让自己的智慧和能力流到社会上，才能发挥价值和作用，而不是在家里自娱自乐。

引导孩子为国家、社会、他人而学习，就像给孩子装了发动机。周总理为中华之崛起而读书，因为他体会到了他今日的学习跟国家的明日有很深刻的关系。所以，他学习的动力就不一样，就不会为眼前的一点得失、为一时的是非产生烦恼和障碍。这样的孩子永远不可能成为所谓的"空心人"。

在生活中，我发现：一个人即使很聪明、有能力，但是如果没有为他人、为社会服务的意识，这样的人的生活境遇往往不够好，因为他与社会的管道堵住了。

（3）改善跟自然万物的关系。

人本来就是大自然的产物，最终还要回归自然。所以，我们在自然中会感觉到心情舒畅，在钢筋水泥的都

亲言细语 二十

与其急着给孩子补课，
不如给孩子补"爱"，
一个充满爱的人，
就充满了智慧和福气，
就什么问题都没有，
孩子的问题自然就会转化的。

市建筑群里会觉得压抑——这是人的天性决定的。

要经常带着孩子回到自然中，去连接自然的力量。看到一朵花、一棵树，要看到它的美好、神奇，看到太阳光、雨露给自然万物的滋养，看到我们的生命与它一体，我们的力量会变强大。

生命在哪里？生命的喜悦在关系中，学习成绩在关系中；关系一改变，孩子就会随之改变，生命就变得美好，成绩自然就会好。生命的一切美好都在关系中。

所以，做父母的如果看到孩子的成绩有问题，就要做管道工，帮助孩子把生命中的管道疏通好，让生命的能量在关系的管道里自由流淌。

与其急着给孩子补课，不如给孩子补"爱"，一个充满爱的人，就充满了智慧和福气，就什么问题都没有，孩子的问题自然就会转化的。

和自己的关系是一切关系的内因

1.真爱与假爱

一个人和万事万物的关系背后有一个更深层次的关系,它影响着所有的关系——这就是一个人和自己的关系。

发现这一关系,源于我陪伴女儿高考的经历。

高一下学期,女儿决定学习美术专业。她的目标是中国美院。中国美院的录取率非常低,而她的专业课和文化课基础都不扎实,都得好好抓。

女儿那一届的高考政策：选定高考的文化课一共六门学科，除语、数以外的四门学科可以考两次，考过一门就可以放掉一门。高二就可以参加高考，当然跟高三的学生一起考。这四门学科的高考称为"选考"。

女儿在高二的5月份到高三的3月份要进入画室，进行封闭的美术专业课学习和考试。这10个月的时间，文化课学习几乎是中断的。我想要她在进画室之前先考过两门学科，这样后面的学习负担能轻一些。

我就跟孩子商量好，我们在高二的4月份先考过两门文化课，另外四门留到高三。

我们决定：高二的4月份选考政治和化学。

等我和女儿定好目标，离高考选考只有7周了，我感觉自己好像打了鸡血似的，天天对女儿喊"加油"。

考试结束了。两门课的成绩和我们定的目标分数相差很远。

查到分数的那一天，我的感受是特别失望，也特别气愤，觉得女儿没有尽力。我觉得自己没有做错的地方：考试是跟她商量的，一对一地请指导老师，也一直都在鼓励她——我没有任何问题。

女儿也在哭。有什么办法呢！事已至此，两天后进画室，文化课却一门都没有通过。文化课和专业课双重压力都在。

时间很晚了，睡吧。就在我躺下的那一瞬间，我忽然想起来了：就是这段时间，女儿不止一次地对我说"妈妈，我只想考政治，我不想考化学"这句话，我就像没有听进去一样，根本没有让它进入我的意识，还只顾着天天给女儿加油。我又忽然想到，孩子曾经给我看她制订的复习计划，里面只有政治的安排，是我让她把化学加进去的。

那一瞬间，我忽然明白了：我根本没有在意孩子的压力，没有在意她的感受，7周的时间，两门薄弱学科，她作为高二的学生和高三的同学一起考试，怎么可能得高分呢？如果只考一门，说不定就过了，就不会有这么大的压力和打击了。

我还记得很多年轻老师问"怎样为孩子选择初中"之类的问题。每次遇到这样的问题，我都说：让孩子自己去选择呀，选择的过程就是一个最好的教育过程，在这个过程中，孩子学会思考、负责、担当，家长怎么可以代替孩子呢？

但是到了自己这里，我怎么就忘了这些道理了呢，怎么就让这样的事情发生了呢？

2.恐惧导致控制

我下意识地观察我的内在：我好像看到一团黑，我感到害怕、恐惧，有点喘不过气来，我不敢去看。这一次，我似乎走到了一个绝境，前面没有路。我决定停下来，好好面对自己的内在：我想看看那团黑是什么，我想搞清楚我到底恐惧什么。

我看到了：我害怕面对孩子考不上一个好的大学；我害怕面对孩子考上一个三流的大学，她今后该怎么办；我害怕面对孩子考上不好的大学，我的面子该怎么办……

越恐惧越会让人想抓住某种东西，抓住了才让你有安全感，所以恐惧会导致抓取和控制。你的恐惧越多，你的要求就越多，你眼中的孩子的问题也就越多，你对孩子的抓取欲和掌控欲也就越强。

确实是这样：在恐惧面前，我牢牢地抓住我的孩子。

父母往往认为这是爱，以爱之名行控制之实，代替孩子选择和决定——就像我替女儿安排"先过关两门，再去画室，这样就轻松了"一样。

3.比比皆是的控制

如此这般的爱，通常是假爱。假爱最大的特点，就是控制。目的是让孩子按照自己的指令行事，把孩子改造成自己想要的样子。这样的父母，看不见孩子的真实存在——就像我，听不到女儿只考一门的呐喊。

我是在高考的压力下产生了高度恐惧，导致了控制。生活中的控制比比皆是。

美国心理学家埃文斯讲过一个真实的故事。

一位妈妈和她7岁的女儿买冰激凌。

"你要哪种冰激凌？"她问女儿。

"我想要香草的。"女儿回答。

"有巧克力的。"

"不,我要香草的。"

"我觉得巧克力的更好吃一点。"

"不,我就要香草的。"

"你不应该要香草的,我知道你喜欢巧克力的东西。"

"我现在就想吃香草的。"

"你怎么这么倔?真够怪的。"

这段对话看似平常,却暗藏"杀机"。

妈妈为何一定要让女儿吃巧克力冰激凌?"因为我觉得巧克力的更好吃,所以想给女儿吃啊。因为我太爱她了啊。我想给她最好的。"妈妈觉得委屈。为什么妈妈觉得好吃,就一定要女儿吃呢?埃文斯觉得,很多假爱背后的真正原因是,妈妈自己内心有一个小孩,一个喜欢吃巧克力冰激凌的小孩。

4.控制欲是假爱

家长把自己的心理需求投射到孩子身上。父母觉得好,就一定要让孩子觉得好。而且,孩子不可以反驳。

亲言细语 二十一

控制欲，是万病之源。
判断是"真爱"还是"假爱"的标准，
就是看孩子是否可以做自己。

否则，就是在否定自己。

如果你反驳我，我会告诉你，你内心的想法、你自己的选择、你自己的判断，是错的。

如果你反驳我，我会告诉你，你这样做会有怎样的恶果。

如果你反驳我，我会告诉你，你这样做将会导致你成为一个怎样糟糕的人。

……

这等于，你在用爱温柔地杀人。

你用你的观点去否定孩子，用你的标准一次次去定义孩子。在这样的假爱中长大的孩子一般很难有自信：他一方面抗拒你，另一方面他又担心你的评价是真实的。孩子通过别人的观点来认识自我，只能对自我的认识更加模糊。最后的结果就是，他不再信任自己。潜意识里全是"我不行，我不行，我不行"。这，很可能是一个人不自信的根源。

控制欲，是万病之源。

判断是"真爱"还是"假爱"的标准，就是看孩子是否可以做自己。

5.我终于看到了父母的使命

再回到查到选考分数的那天晚上。当我以为全是女儿的问题时，我是失望加愤怒的。但当我意识到是自己的错误以后，又陷入了深深的内疚和自责，非常痛苦，不知何时才睡着。

第二天早上醒来，我异常清醒。我看到大脑里飘来了这样一行文字——我没有做任何加工，记录下这句话：

百转千回，终于明白，父母的使命，就是让孩子在温暖和信任的目光中做他自己。

本来只用给孩子温暖和信任的目光，我们却因为内心的恐惧，给了孩子那么多控制，以及由控制带来的伤害。

这是我第一次与内心的恐惧正面交锋！我开始直面自己的问题：

一个人的幸福跟高考考取的学校有必然的联系吗？没有！

名牌大学的毕业生必定有好成就吗？不一定！

名牌大学的毕业生和普通大学的毕业生同进一个单

百转千回，
终于明白，
父母的使命，
就是让孩子在温暖和信任的目光中做他自己。

位，前者肯定比后者做得好吗？不一定！

孩子考上好的大学父母就一定有面子吗？有面子就一定幸福吗？是面子重要还是亲密的亲子关系重要？

最终，我们全家达成一致：努力是一辈子的事情，而不是高考这一年。

不要以孩子8岁、18岁的学习成绩来谈教育成功与否，而应该以一个人28岁、38岁、48岁……乃至88岁的生命状态来定义成功。

时间一下子拉长了，我的焦虑、恐惧消失了。

我决定，关于女儿的一切选择都让她自己做，我只给予她尊重、信任、鼓励和祝福。

我们全家在女儿高考那一年都放松了。

放松了，我们的关系管道就通了。

6.当你没问题了，整个世界的问题就解决了

从高二那年的5月份到高三那年的6月份，和女儿高考有关的所有的决定（什么时间参加考试，考几门，要不要补课等等），我都由她自己去做。可以说每一个

亲言细语 二十三

不要以孩子8岁、18岁的学习成绩
来谈教育成功与否，
而应该以一个人
28岁、38岁、48岁……乃至88岁的生命状态
来定义成功。

决定都会直接影响到她的高考成绩，影响到她高考的命运。那又怎样呢？我只做一件事情，那就是调整自己的心态，把自己调整到尊重、鼓励、信任的状态。

我发现：父母全然尊重、信任的心态会产生强大的力量，这种力量传递给孩子，真的会产生奇迹。

这一年里，我每天都在家庭群里写女儿的优点，鼓励、赞美她，这一年里，我每天朗读网友推荐的《父母规》，每天一遍。我终于成长为一个内在有力量的妈妈。

有的家长可能会担心，都让孩子做决定，错了怎么办？孩子说不考就不考，孩子说不补课就不补吗？

是的。因为我坚信，孩子取得好成绩的前提是管道通畅，如果管道不通畅，花再多的钱、补再多的课都是徒劳；我还坚信，孩子是完满具足的，支持孩子活出自己是高考最大的价值；我还坚信，人生本来就是一场体验，何来对错，从来就没有完美的决定，作为父母就是要尽最大可能地支持孩子，使他的选择成为最好的选择。

尊重、信任、鼓励、自由，是父母给孩子的最好的礼物。

尊重、信任、鼓励、自由，
是父母给孩子的最好的礼物。

亲言细语 二十四

第四章 我的家庭教育法则

如果有人问你：什么是最好的教育？你会如何回答？作为家长，作为教师，作为校长，我也时常问自己：什么是最好的教育？曾经的我和很多人一样，在很长一段时间里，都没有答案。太严了，怕孩子喘不过气来；太松了，就是放任……我们似乎只知道怎么做是错的，却不知道如何做是对的。但是，今天我要告诉大家答案，因为我悟出了教育的真谛。

赏识教育法的启示

1.赏识就是全然地接纳

年轻的时候就听到过"赏识教育法",当时对赏识教育的理解就是要多多表扬孩子,没有过多的关注和行动。当我育儿遇到挫折了,偶然地,又有老师推荐,于是,这次我认真地学习了赏识教育法,发现赏识教育并非简单的鼓励和表扬,而是对自己、对孩子完全的尊重和接纳。

说起来简单,做起来却不容易——对孩子全然接纳的父母,内心得有多强大!

赏识教育的核心理念——花苞心态,全纳的爱。把优点比喻成花朵,把缺点比喻成花苞。花朵可爱还是花苞可爱?同样可爱。缺点和优点也同样可爱。全纳就是完全接纳、完全满意。当我们对别人和自己处在完全满意的状态中时,我们的心就安定下来了,心安就会生静,就能生智慧。

周弘老师是赏识教育的创始人,被誉为"中国第一位觉醒的父亲""第一位发现孩子没有错的教育家",他用20年的时间探索出赏识教育,把双耳全聋的女儿周婷婷培养成留美博士生和首届海内外有影响力的"《中国妇女》时代人物"。他也从一位普通的父亲成为一位赏识教育专家。

2.赏识孩子真的很难吗

记得有一次和女儿参加了一个亲子夏令营。有一节课是以"赞美"为主题,老师让每个家长当着孩子的面说出孩子的五个优点。父母们一个个上台。有一个南京的三口之家,女儿明年上高三了,父亲是医学专家、博士生导师。他们一家三口走上台,父亲率先开口:"我看不要说孩子那么多优点,5个太多了,她会骄傲。"

老师说:"必须说5个。"

父亲只好说:"那就这样吧,我说2个,她妈妈说3个,加起来5个。"父亲接着说:"我们的女儿明年要高考了,我希望她这一年努力学习,争取考一所好……"

老师立马纠正:"要赞美,不是提希望……"

父亲不愧是博导,反应很快,马上改口:"好,赞美,我赞美她考上好的学校……"

我看了一下那个女儿,她的表情好落寞。

我认为我是懂一点赏识教育的,如果换作我,我会这样赞美孩子:"女儿,你的字写得真好,但是你做题的正确率不高""女儿,你很会交朋友,但是你也很容易跟同学闹别扭"……一个糖葫芦,一盆凉水。更多的时候,我对女儿是"一针见血"的批评和揭露,让她无处遁形。

3.赏识教育是先骄傲后成功

那位医学专家爸爸怕孩子骄傲，所以不愿意说孩子的优点。很多家长也是这样，不愿意赞美孩子：一方面觉得孩子还没有达到值得赞美的程度，另一方面怕赞美会让孩子骄傲。事实真的如此吗？

周弘老师说，答案不在我这里，就在学说话、学走路这个自然现象里。

还记得我们是怎样教孩子走路、说话的吗？当孩子咿咿呀呀地发出声音的时候，我们的脸上笑得像一朵花，夸他"哇，宝贝会叫爸爸了，宝贝真能干"；当孩子跌跌跄跄地学走路的时候，我们早就蹲在他前面，张开双臂等他，鼓励他"哇，宝宝会走路了，宝宝好厉害"。从来没有人说，这个孩子还不会走路、不会讲话。最终的结果是，每个孩子都学会了走路，学会了说话。

教孩子学说话和走路的时候，我们用的是圆满观，一路向东，奔向光明。但是孩子一旦上学，我们就会集体"叛变"，一路向西。

周弘老师说："现在的教育是先成功，后骄傲；

而赏识教育是先骄傲，后成功，而且是莫名其妙的骄傲。"他分享，女儿婷婷小时候做数学题，10道题错了9道，周爸爸说："婷婷，你太棒了，这么难的题目你都能做对1道，你比爸爸小时候强多了。"

4.毁掉一个人其实很容易

曾经在互联网上看到一组实验：两株几乎一模一样的植物，一株是在谩骂的录音中长大的"被霸凌的植物"，另一株在赞美的录音中长大，结果那盆被霸凌30天的植物被"骂"死了。语言也会对人造成伤害，负面词汇会传递攻击性和消极情绪，对此，我深信不疑。

女儿小的时候，作为母亲的我，总是想要她更好，指出她的缺点，指责她，不断地"修理"她。我认为自己说的是对的，我这样做是为了她好，我希望她完美。其实，每这样做一次，就是一次否定和打击。女儿因此遍体鳞伤。

根据密歇根大学的伊森·克罗斯博士的一项实验：当一个人受到语言暴力攻击，他的情绪疼痛在大脑区域的反应和身体疼痛极为相似。也就是说，当父母辱骂自己孩子的时候，孩子情绪上遭受到的创伤和身体受到伤害的疼痛程度不相上下。

哈佛大学医学院马丁泰彻博士发现：父母的否定、打击、批判，会转化为孩子"内在的批判声音"，他会习惯性地自我批评和否定，觉得自己一无是处，即便成年后批判他的那个人已经不存在了，这种批判态度还会保留在他心里。

要毁掉一个人很容易，就是否定他，让他信任和亲近的人告诉他：你不行，你不行。否定他的行为、长相、家人、朋友、性格、人品等。当他处于循环、重复的否定中时，即使偶尔有一些赞美的声音出现，他也还是会自己否定自己，甚至都不用你亲自动嘴否定他——他会变得多疑、瞻前顾后，甚至下意识地去排斥向他靠拢的美好事物。

这听起来有些残酷，却是很多父母的日常——打着爱的旗号摧毁孩子。

5.赏识是有分数力的

我决心补课,给孩子补一节"赞美"课,一节"赏识"课。

我建了一个家庭群,开始了对女儿的赏识。每天,我在家庭群里,写女儿的点滴优点,赞美她、认可她——只是一些小小的细节。即使女儿17岁了,我也要补上这一课。

我前面提到:父母对孩子的尊重和信任是一股强大的力量,在这股力量下是能够产生奇迹的。确实如此。

女儿参加美术艺考,她从高二的5月份开始,连续10个月的时间在画室封闭训练,文化课的学习几乎完全中断。高三下学期,3月1日回到了高中校园,继续文化课的学习。全国文化课统一高考时间是6月7日和8日,从3月到6月短短3个月的时间,孩子的学习成绩一路高歌猛进,呈跨越式提升。

尤其是数学学科。她高一、高二底子薄,高三返校时还有一册多的数学书完全没上过。根据女儿的要求,我给她请了一对一的数学家教。其间，我坚持不给女儿压力，只有放松和鼓励。女儿考试发挥好，我就温和而坚定地说一句：早就知道你能行！若她考试没有发挥好，我就启发她：我们还在路上……高三常规周测和月考，女儿的数学学科第一次考了50分，第二次就60分，接下来就能考70分、80分、90分，高考前的模拟考数学考了110分。

最终，她实现了自己的"国美梦"。

成长，是种子的一生

小学的语文课本里有一篇文章叫《种子的力》，这篇文章赞美了种子坚韧不拔的精神和向上生长的力量。

《种子的力》摘自《野草》，作者是夏衍先生。我工作的单位是夏衍小学，夏衍小学所在的夏衍教育集团是全国唯一一个以夏衍先生名字命名的办公教育集团，我们的校园文化"种子文化"，就是汲取先生在文中描述的种子的力量。

我不断地把孩子的成长和种子的生长结合起来思考，从种子的成长中感悟真正的教育应该是怎样的。

1.种子具有内生力

每个孩子都是一粒种子,蕴含着持续发展的潜能和向上生长的力量。

夏衍先生在《野草》一文中说:"一颗有生命力的种子,如果不落在肥土里,落在瓦砾里,它决不会悲观,决不会叹气……这种力是看不见的生命力。只要生命存在,这种力就要显现。上面的石块丝毫不能阻挡它,因为这是一种长期抗战的力:有弹性,能屈能伸的力;有韧性,不达目的不止的力。"

这种力就是种子的内生力。

种子的内生力让我对教育充满了信心——教育即播种。每个孩子都是一粒种子,每一种思想、每一种理念、每一种行为又何尝不是一粒种子呢?围绕在孩子身边的每一个人,他的三观和行为,对孩子来说都在播种种子,时时刻刻对孩子的生命产生影响。我们只要秉持工匠精神,专注于耕耘与守望,种子就一定会萌芽,生命也一定会绽放。

种子的内生力也让我对教育充满了敬畏——教育过程中的思想和行为即种子。这粒种子无论好坏与否,最

亲言细语 二十五

教育不是工业式的"制造"，
而是农业式的"培育"。
你的孩子如果是一粒小草的种子，
就让他长成一棵温柔又不失强劲的小草吧；
如果是一粒鲜花的种子，
就按照自己的生命节奏，
开在适宜的季节里；
如果是芦苇，就在河边飘荡；
如果是楠木，就直冲云霄。

终都会生根发芽、开花结果。我们想要收获真善美的果实，就要确保在孩子们心中种下真善美的种子。

2.种子具有独特性

每个孩子就是一粒种子，有自己独特的样子。

小草、鲜花、芦苇、楠木等种子不同，生命各异。每个孩子亦如此：不同的成长经验、家庭文化背景、知识基础等赋予了他们独特的生命，让他们具有不同的成长需求和发展的倾向性。

教育不是工业式的"制造"，而是农业式的"培育"。你的孩子如果是一粒小草的种子，就让他长成一棵温柔又不失强劲的小草吧；如果是一粒鲜花的种子，就按照自己的生命节奏，开在适宜的季节里；如果是芦苇，就在河边飘荡；如果是楠木，就直冲云霄。

生命的绽放，一定是自由而自然的成长，一定是长成他本来的样子。

3.真正的教育是让每一粒种子蓬勃生长

怎样的教育才是真正做到了让每一粒种子蓬勃生

亲言细语 二十六

我看着这花、这草、这芦苇、这树木，
是它们的存在，
才有了这生机勃勃的世界。
我意识到，
它们本来的样子就是最美的样子，
本来的它们就是最好的它们，
本来的孩子就是最好的孩子，
本来的自己就是最好的自己。
这花，这草，这芦苇，这树木，
不同的只是外在——
外形不同，
颜色各异……
透过这千差万别的外在，
它们内在蕴含着完全平等的生命力。
这生命力是相通的，
它们原本就是一个整体。

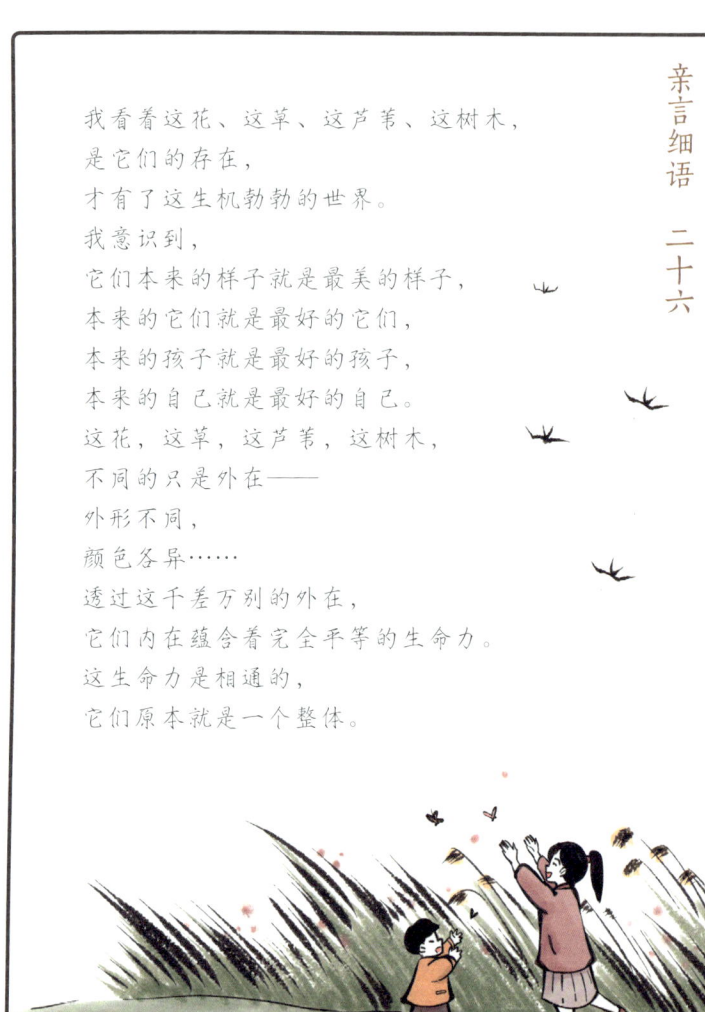

长？我问我自己。

这时候，我的脑海里出现了这样一幅画面：广袤无垠的大地上，绿茵茵的小草，五颜六色的鲜花，弯弯的河道，青青的芦苇，绵延的山峦，郁郁葱葱的树木……自然的画图不是已经告诉我的答案了吗？

我看着这花、这草、这芦苇、这树木，是它们的存在，才有了这生机勃勃的世界。我意识到，它们本来的样子就是最美的样子，本来的它们就是最好的它们，本来的孩子就是最好的孩子，本来的自己就是最好的自己。

这花，这草，这芦苇，这树木，不同的只是外在——外形不同，颜色各异……透过这千差万别的外在，它们内在蕴含着完全平等的生命力。这生命力是相通的，它们原本就是一个整体。

真正的教育就在于接纳孩子本来的样子，唤醒每个孩子种子般的内生力，让他们能因循其内在的自然，获得自由而又充分的成长——也只有这样的教育，才能让每一粒种子蓬勃生长。

4.激发种子内在力量的教育才是成功的教育

种子为什么要埋进土里?

种子埋进土里,土壤使它身处一片黑暗。这激起了种子摆脱黑暗、追求光明的渴望。种子比谁都清楚它只有拼命地发芽、拼命地生长,才能挣脱来自土壤的压力和阻力,才能享受到土壤外那自由的空气和阳光。于是,种子努力地发芽,努力地去追求光明。

人也是这样,一个人处在困难中也会害怕。也正是因为这份惧怕,才激起了他去战胜黑暗、追求光明的勇气和信念。正是这种奋斗和追求,才使得他的人格和生命得以升华。

这意味着,我们不要惧怕孩子受挫和失败,更不要剥夺一个孩子失败、受挫的机会与权力。也许那困难就是机遇,那最大的困难会让生命获得最深的领悟,走向真正的觉醒。

电影《摔跤吧,爸爸》中,爸爸为了让女儿实现自己摔跤冠军的梦想,对女儿进行魔鬼训练,换来的却是女儿们多次反抗，试图逃脱训练。直到有一天，她们听到了一位即将出嫁的新娘的心声才幡然醒悟。这位新娘说："我倒是很想有一个这样的父亲，这样的父亲会为我的未来考虑。一个女孩从出生开始，她们的命运就是做饭、打扫卫生，全身心地做家务，然后等她们成年，就会嫁出去，并把自己交给一个男人，而且跟这个男人完全不熟，然后为他们生孩子，抚养孩子……这就是一个女生的宿命。"

这是整个影片的点睛之笔，通过出嫁姑娘的心声，孩子们理解了父亲为什么要这样做。是啊，如果不去训练，这个姑娘的命运就是她们的命运。如此黑暗和令人惧怕的前途，唤醒了女儿们灵魂深处的自我觉醒。终于，她们理解了父亲，感受到了深深的父爱。从那以后的第二天开始，女儿们对待训练的态度截然不同，她们也迎来了必将改变的人生……

教育的意义在于唤醒，激发了孩子内在力量的教育就是成功的，没有唤醒孩子内在力量的教育就是失败的教育。

教育的意义在于唤醒,
激发了孩子内在力量的教育就是成功的,
没有唤醒孩子内在力量的教育就是失败的教育。

亲言细语 二十七

5.像对待种子一样对待孩子

种下一粒种子,除了浇水、施肥外,我们每天要做的事、能做的事,就是慢慢地等待它一点一点地成长。在这个过程里面,可能我们绝大多数人不会心焦,我们只是观察、不评判,然后相信生命本身的力量——苹果的种子肯定长出苹果树,凤仙花的种子肯定长出凤仙花……我们知道,种子就是这样一个生命节奏,就是这样一个成长规律:种子在春天播下,在秋天才能收获。种子的成长需要时间,你心焦没有用,只能这样。否则就是拔苗助长,反而会损害种子本来的生命力量。

看看我们是怎么对待孩子的:成绩不好,补课、评判、比较、挖苦。

一粒种子没有发芽,我们一般不会施两份肥,浇两份水;而对于成绩落后的孩子,我们真的会补两次课,多留一份作业。

像对待种子一样对待孩子吧!放下所有的要求、控制、期待,愿意和真实的孩子在一起,共同享受生命成长带来的喜悦……这,才是真正的爱。

亲言细语 二十八

一粒种子没有发芽,
我们一般不会施两份肥,
浇两份水;
而对于成绩落后的孩子,
我们真的会补两次课,
多留一份作业。

终于找到了最好的教育

1.最好的教育范式,我的家庭教育法则

我把最好的教育总结为两条,在我家里是作为法则用的。

第一条:父母做好自己,即活成你想要孩子成为的样子。

要想孩子将来怎样,父母先活成那样。要想拥有最好的儿女,请你先成为最好的父母,家庭教育没有捷径。

第二条:尊重、信任、鼓励、支持、赞美孩子做他

要想拥有最好的儿女，
请你先成为最好的父母，
家庭教育没有捷径。

自己。

每个生命来到这个世界都有自己的使命。就像诗人纪伯伦写的那样：孩子是借助你来到这世界，却非因你而来。支持孩子活出他自己是父母的使命。

两条路并行，无先后之分，缺一不可。没有第三条。

我终于找到了什么是最好的教育。

这是我通过几年时间求索出来的家庭教育的本质。看起来很简单——真相其实都很简单，只有简单才是真相——做起来却不容易。

如果我们只是知道了、了解了，它就是知识，知识只能进入大脑；如果我们去实践、去体验，它就会成为智慧，就能进入我们的生命。如果，你把我讲的只当故事听，那么它就跟你无关，你就等于不知道。

知道与做到的差别，就像是地球仪与地球那样。

2.与孩子交流问题的"四步法"

在这个基础上，我们已经形成了与孩子分析问题的方法。前面提到，发现孩子有问题，我首先找我这个

孩子是借助你来到这个世界，
却非因你而来。
支持孩子活出他自己是父母的使命。

"原件"的问题，我改掉了缺点，孩子自然就会好。有时候，我也会指出孩子的问题，"原件"和"复印件"同时改。

指出孩子的问题要谨慎，在实践中，我提炼出"四步法"。

四步法是我的家庭教育法则在生活中的具体操作，每一步都是法则的落地。第一步和第三步指向两条法则中的第一条，第二步和第四步落实两条法则的第二条。

四步法指的是：担责、赞美、建议、归位。

第一步：担责。"原件"坦诚接受"一切问题都是我的问题"，这也是家庭教育法则第一条的应用。发现孩子有问题，坦诚地提出来，并告知孩子：问题的责任在我。然后认真反省自己在这方面存在的问题。

第二步：赞美。赞美就是接纳和允许，是实践家庭教育法则的第二条。找到孩子在相关方面的值得表扬的点或者有进步的地方，给予实事求是的赞扬。

第三步：建议。对孩子的问题，提出改进的建议——不是抱怨，而是结合家长的经历和经验，给孩子提建设性的建议。

第四步：归位。家长的建议只是建议，孩子是否愿意采纳由孩子自己决定，建议完就各归其位，不期待、不强迫、不控制，允许孩子做自己。

3.用"四步法"解决问题

女儿大一的时候，学校组织去农村做社会调查，调查回来要写报告，主题是乡村经济的振兴。

女儿出发前，跟我谈论此事。此时，作为母亲的我竟然不合时宜地说了一句："这种调查报告，网上很多，去下载，有一大堆。"说完这句话，我就后悔了。

没想到，报应来得如此快：女儿下乡回来，一天，她用微信发给我一篇文章——她的调研报告。我一看，倒吸了一口凉气：天哪，通篇是正确的废话，一看就是从网上下载的。

我赶紧启动四步法解决问题，采取的方式是电话交流。

第一步：担责。女儿的问题要在我身上查找原因。

我首先为那天的不当言论向她道歉。我坦陈："听得见的言论有问题，听不见的思想也有问题——国家用了那么多资源来培养一名大学生，很不容易；妈妈却信奉'天下文章一大抄'，主张调查报告到网上下载，妈妈错了。"

第二步：赞美。感谢女儿信任我，把她的调查报告发给我看。

第三步：建议。与女儿回忆了她在下乡期间跟我打电话交流的内容，跟她一起梳理，告诉她这些内容就是调查报告最鲜活的资料。

第四步：归位。告诉女儿："这些只是妈妈的建议，如果你觉得不妥，一定要听你内心的声音。"

女儿在电话里那头愉快地应了一句："没想到您对乡村振兴还挺有见地的。"

半天后，我的手机微信又收到一篇文章，我点开一看，是女儿重写的报告，非常棒！

这篇报告后来得到了老师的肯定。

一个好的家长，
应把教育孩子的重心放到教育自己上来。
对觉悟了的家长来讲，
教育孩子只是借口，
促进自我成长才是真正的目的。

4.教育的本质是父母的自省

讲到现在,我没有一句话是教你怎么去跟孩子斗智斗勇、怎么去教育孩子。因为万事万物都不需要他人的教育,只需要自我的学习和成长。而教育的全部意义在于促进自我内在的觉醒。

一个好的家长,应把教育孩子的重心放到教育自己上来。对觉悟了的家长来讲,教育孩子只是借口,促进自我成长才是真正的目的。

对生命来说,每个人都必须成长。

作为父母,当有一天你真正出发去寻找教育真谛的时候,你便踏上了一场追寻自我觉醒的旅程。

孩子是父母的未来,父母更是孩子的未来!

亲言细语 三十二

作为父母,
当有一天你真正出发去寻找教育真谛的时候,
你便踏上了一场追寻自我觉醒的旅程。

第五章 智慧父母的法则应用

我提炼出了两条家庭教育的法则。首先，我在自己身上试行。我用了三年时间，运用这两个法则，将亲子关系进行了180度的大逆转，我和女儿从"宫斗剧"中的"互撕"关系变成了亲密的朋友，女儿也考上了梦想中的大学。接着，我开始无时不在关注其他家庭教育案例：2020年前关注案例是为了验证法则是否正确；现在关注，不再是为了验证，而是不断地提升我对法则的理解。让我们一起向这些智慧的父母学习。（案例中的部分内容来自网络）

这是你的比赛,好好享受它

写这一章内容的时候,正逢北京冬奥会,我就先来讲一讲我最喜爱的中国女子自由式滑雪运动员谷爱凌的家庭教育故事。

虽然我相信谷爱凌这个名字现在已经家喻户晓了,但还是在这里引用一下百度的介绍。

谷爱凌(Gu Ailing Eileen),2003年9月3日出生于美国加利福尼亚州圣弗朗西斯科,昵称"青蛙公主",中国女子自由式滑雪运动员。她是国际雪联第一位自由式滑雪女子U型场地大满贯，也是中国首位在世界极限运动会夺金的运动员。（摘自"百度百科"）

谷爱凌满足了世人对美好少年的全部幻想，漂亮坚强、自信勇敢、聪慧阳光、多才多艺、洒脱有力量，同时还是一个"学霸"，2020年12月，考取了美国斯坦福大学。

我反复观看了谷爱凌在北京冬奥会上比赛和夺冠后答记者问的视频，看着屏幕上这个少女阳光美好的笑容，从事教育工作的我不禁在想，是什么样的家庭养育出了这样的孩子呢？通过各大媒体对谷爱凌妈妈谷燕的采访，我发现，谷爱凌的成长及成才跟母亲谷燕的教育方式密不可分。

首先，无论在学习上还是生活中，谷燕都给谷爱凌做好了榜样和示范。（我的家庭教育法则的第一条）

谷爱凌的妈妈谷燕北大毕业，后留学于美国斯坦福大学。

网友找出了1998年《中国科技信息》杂志上关于谷燕的一则报道："她曾是北京大学的高才生，著名生物学家、人工合成牛胰岛素的专家之一——沈同教授的关门弟子；22岁赴美留学，获奥本大学全额奖学金，生物学硕士；曾任美国洛克菲勒大学医学院生物遗传实验室主管；后又就读于美国斯坦福大学，获工商行政管理（MBA）硕士学位。一个有希望在生物学领域做出杰出成就的人，却最终选择了风险投资这样一个颇具挑战性的事业。"

斯坦福的MBA是谷燕自费攻读的，也是最贵的学位。很多人不理解她当时的选择，但她说："在斯坦福，我是和世界上最优秀的人一起学习的，在那里我看到了天外有天，了解了世界上最优秀的人是怎样思想的。毕业时，我成了全班获得工作机会最多的学生，共有12家金融机构准备录用我。"

谷燕的求学之路，自然是谷爱凌最好的榜样。而谷爱凌对滑雪这项运动的喜爱，也是源自妈妈。当时谷燕在滑雪场当教练，每次都把谷爱凌带在身边，放在滑雪场的托儿所，小爱凌由此也跟着爱上了这个纯白的世界和这项纯粹的运动。

在后来的采访中，谷燕说，如果她喜欢高尔夫，谷爱凌可能也会爱上高尔夫。

父母是孩子最好的老师，身教比言传更为重要。谷妈妈正是通过良好的行为示范教育孩子，培养了谷爱凌的兴趣爱好，还有她良好的学习习惯。

其次，是尊重、信任、鼓励、支持、赞美谷爱凌成为她自己。（我的家庭教育法则第二条）

谷燕告诉谷爱凌，不必觉得爸爸是哈佛毕业的，妈妈是斯坦福毕业的，爷爷也是斯坦福毕业的，她就必须上斯坦福，"你上什么学校，只要上你自己喜欢的，但是更重要的是一辈子都不放弃学习"。

谷爱凌小时候兴趣特别广泛，除了滑雪外，她还喜欢钢琴、足球、芭蕾等。谷燕所做的，是让谷爱凌去尝试了个遍，然后选择自己想做的事。谷爱凌在面对媒体时曾说："小时候我每天上学，然后上完学我妈妈来接我，车里带着三件衣服——因为我要先在车里换衣服，然后去踢足球，踢完足球换衣服去跳芭蕾，跳完芭蕾然后再去弹钢琴。"

在采访中，谷燕曾说，自己做得最好的一件事情，可能就是对女儿的表扬。"要说教育,我就记得两句话:第一句是爱凌入学时老师说的,千万不要纠正他们的错别字,不打击孩子的创造力;第二句是学到的理念,少表扬点他们的聪明,多表扬点他们的努力。"

八九岁的时候,谷爱凌就进入专业滑雪队,是滑雪队唯一的一个女孩。她回家跟妈妈说:"妈妈,我想去奥运会。"换作其他妈妈,可能会不屑一顾:"就你,还想参加奥运会?"但谷燕却对女儿说:"挺好的,加油,你可以的!"从那时起,谷爱凌就暗下了决心,给自己设立了最难的目标。

每次女儿取得一点小进展,谷燕就会表扬她的努力:"你真是太棒了!""其实你什么都能做得到,只要你好好训练,去努力!"谷爱凌在多次采访中说到一件事情:"在最开始,我想做自由滑雪运动员的时候,妈妈其实并不支持,她说自由滑雪特别危险。但后来她发现我特别热爱这个运动,知道滑雪给我带来的快乐是无穷的,就非常支持我。"

有人问:"妈妈对你最大的建议是什么?"谷爱凌

回答："要为自己而活。"

这次冬奥会比赛中，媒体曾报道了这样一个细节。第二跳结束后，谷爱凌面临两个选择：选择一个较高难度的动作，她能完成得很好，可以确保获得一枚银牌；选择一个前所未有的高难度动作，因为失误的可能性很大，所以银牌可能得不到，但跳好了就可以获得金牌。于是，谷爱凌就征求妈妈的意见。

谷燕建议："做1440，力争银牌。"

谷爱凌拒绝了："不，我要做1620。我参加冬奥会，从来不是为了打败其他运动员，而是为了打破界限，滑到我的最好——我希望将这种体育精神展现给世界，激励更多的人。"

谷燕立即对女儿说："好，这是你的比赛，好好享受它。"

同样是面对比赛，曾经有一位日本乒乓球运动员的妈妈对她说："只有你能战胜中国队！"

但谷爱凌的妈妈却对谷爱凌说："你不要跟其他人比较，我们热爱一样东西，并不是为了比别人做得好，而只是因为我们喜欢它。我们热爱一项运动，并不是为了击败别人，而是为了突破自己。"

有记者曾经问谷爱凌："你的妈妈是不是传统的虎妈啊？"母女俩哈哈大笑。谷爱凌说："什么虎妈呀，我的妈妈是兔妈。"谷爱凌在谈到妈妈的时候，也会"毫不谦虚"地说："我真的觉得我的妈妈是最好的……真的比所有的妈妈都好！"

谷爱凌说一口流利的北京话，喜欢吃中国美食，最向往的大学是斯坦福，她对滑雪这项运动的热爱，以及她加入中国国籍参加冬奥会，这一切无不是谷爱凌和母亲之间深深的爱的连接。谷燕的教育带来的是融洽、和谐的亲子关系。她们关系的管道完全敞开，她们之间爱的连接从来没有断裂过。

谷爱凌的成功也证明：孩子能成长成什么样，其根本还是在于父母；一个优秀孩子的成功，就是家庭教育的成功。

或许不是每个人都能成为第二个谷爱凌，但每个妈妈都可以学着去做谷燕式的"兔妈"。

会算命的妈妈
和不严肃的爸爸

我对自己提出的家庭教育法则的认识在不断加深。一开始,我对于"原件"和"复印件"的关系是做简单的比对,要想孩子做到怎样,父母得做到这样——最好的父母才能有最好的孩子。

最好的父母是怎样的,我之前的认识并不清晰。但是,我今天可以给最好的父母下一个定义:最好的父母就是心态和情绪始终是平和的、接纳的、包容的、仁爱的。这样的父母是最好的父母,这样的父母存在的状态

最好的父母就是心态和情绪
始终是平和的、接纳的、包容的、仁爱的。
这样的父母是最好的父母,
这样的父母存在的状态就是最好的教育。

亲言细语 三十三

就是最好的教育。

詹青云就拥有这样的父母。

《奇葩说》是读大学的女儿推荐给我看的一期节目。节目中云集了华人华语世界中观点独特、口才出众的"最会说话的人"。每一个辩手都闪耀着光芒，而其中让我最惊艳的是一个貌不惊人、瘦瘦弱弱的女生，只要她站上辩论台，就会立刻成为最闪耀的那一个——她叫詹青云。我和女儿都最喜欢她。

一查资料，这还真是一个"会说话"的女孩。

詹青云，1990年出生于贵州，贵阳市第一中学2008届毕业生，本科就读于香港中文大学，哈佛大学法学博士。2014年代表香港中文大学参加第二届"国际华语辩论邀请赛"并夺取冠军，同时获"最佳辩手"。2015年参加《精彩中国说》获得节目总冠军。2017年参加CCTV-4的《世界听我说》获得节目冠军。2018年代表哈佛耶鲁大学联队参加"2018华语辩论世界杯"获得总冠军，并获总决赛"最佳辩手"。2018年9月参加网综《奇葩说第五季》。2019年参加网综《奇葩说第六季》,并获得"BBking"称号。2020年1月出任"拉勾招聘"加油官。(摘自"百度百科")

央视网评价说:"詹青云说话慢条斯理、掷地有声,具备超强心理素质,是一位温柔的辩者。"但在多个采访里,她都说自己并不算强者,"并不喜欢'学霸'这个标签",她小时候是一个妥妥的输在起跑线上的孩子。

詹青云1990年出生于贵州某个小县城,父母都是普通的工薪阶层。一开始,她在老家的乡村小学读书,全校只有两个老师,操场上还放着同学牵来的牛。从小学到高中,詹青云转了6次学,每到一所新学校,成绩在班上都是垫底。

无论女儿在学业上的表现如何,妈妈都会不急不慢地用她独特的"算命式"鼓励法,来给女儿加油打气:"妈妈给你算过了,到了四年级,你就会成为全校最棒的学生。""妈妈重新算过了,成为年级第一的时间,就在初一。"母亲还会开解她说,有个词语叫作"厚积薄发",不聪明的小孩可以通过积累和努力,成为全年级最聪明的小孩。

在父母的不断鼓励下，詹青云继续努力学习，养成了不放弃的坚韧品格。长时间的坚持不懈，在进入高中后开始有回报：从高中一年级开始，她的学习成绩飞跃提升，在班里名列前茅。到高中后期，因为詹青云总考年级第一，可能获得保送北京大学的名额，学校领导告诉她的父母，有了保送这根定海神针，孩子就不需要有太大的心理压力，照平时的状态学习就很好。没想到的是，称霸高三年级的詹青云却因为化学没拿A，而不符合保送条件中"全部科目A"的要求，从而失去了保送读北京大学的资格。

这时候，她的父亲说，没关系，凭本事考上才叫真厉害。

父亲总能以轻松淡然的态度面对人生中的意外之事。詹青云深受父亲的影响，也没有将这件事放在心上，她相信自己有实力争取一流的学府。

2008年，詹青云以贵州省前五名的好成绩顺利通过北京大学分数线，并同时收到了香港中文大学和北京大学这两所顶尖高等院校的录取通知书。詹青云放弃了北京大学,选择到香港中文大学本硕连读。

詹青云小的时候,面对糟糕的成绩和老师的否定,父母没有选择急吼吼地催逼她,而是顺应她的节奏,耐心等待她开花、结果。

长大了,别人都说:"女孩子嘛,不需要有文化,也不需要读很多书,反正都是要嫁人的。"但她的父母不会这样说,一直供她读到博士。

硕士毕业后,詹青云获得了不错的攻读博士的机会,一个是留校继续读博,另一个是前往北京大学攻读博士。这两个令人艳羡的机会,詹青云都放弃了。在朋友的鼓励下,她选择尝试LSAT。通过这项考试之后,高分给了她前往哈佛的机会。这个一直知道自己想要什么的女孩,在想出国留学时,被高额的学费、生活费、往返国内的交通费难住了,家里无力负担她的这些费用。可这又如何,为了梦想,哪怕借贷,也决不妥协。在所有人惊诧的目光中,詹青云请求父母帮她贷款100万,助自己完成"更优秀的自己"的梦想,学有所成时,她会自己还清这笔钱。

到谈婚论嫁的年纪了，别人的父母都会催促结婚，但她的父母不会。2019年春节，詹青云年近三十，还未婚未育，七大姑八大姨都忙着催婚，她对爸爸说："我不敢回家过年了，亲戚朋友都问我为什么还没有带男朋友回来。"爸爸说："你就告诉他们已经有对象了，下回带回来。下回你就说又换了一个。"

正是因为有了这样平和的、接纳的、包容的、仁爱的父母，詹青云才能在辩论场上从容不迫，在她热爱的事业上全力拼搏。

从詹青云身上，我看到了一份珍贵的底气。

这份珍贵的底气，是淡定直面一切的勇气。这份底气并非一夜之间促成的，是在爱和包容中长大的孩子才会有的。

这份珍贵的底气,
是淡定直面一切的勇气。
这份底气并非一夜之间促成的,
是在爱和包容中长大的孩子才会有的。

亲言细语 三十四

不,每个孩子都可以

这个故事的主角是著名漫画家蔡志忠老师。在这个故事中,蔡志忠有双重身份:作为孩子,他本人就是一个极大的家庭教育的成功案例;作为大师,他还是一个家庭教育的悟道者。

当你看到前两个案例,你心中会不会有这样的疑问:谷爱凌、詹青云是不是特例——或许,终其一生,我再怎么努力,我的孩子终将会平庸。

蔡志忠老师给出的答案:不,每个孩子都可以。

2019年11月24日，机缘巧合，在一场饭局中，我见到了著名漫画家蔡志忠老师。我读过蔡志忠老师的《老子说》等作品。他3岁半就思考人生、4岁就立志成为画家的故事我听过好多遍。蔡志忠老师不仅是漫画家，还是桥牌高手，他研究天体物理学、微积分，出版过音乐专辑……

神一样存在的人在我面前，我肯定不会错过这学习的机会。

我问："蔡老师，您有如此成就，是否从小就聪慧、与众不同呢？"

他回答："不，每个孩子都可以！"

席间，蔡老师招呼我说："你过来。"我们俩坐在一边的茶桌旁。他拿过他的手提包，里面有两本书，一本《老子说》，一本《孙子兵法》。他翻开《老子说》的扉页，开始比画起来。他说他英语单词是这样学的，所以从来不用背。

他说："你告诉我你的出生日期，我5秒钟能说出是星期几。"他教我"2的10000次方"怎么算；他告诉我汉字中象形字的含义……

他1分钟画一幅漫画赚1.2万元,他的工作每半秒赚50元。那天,他把我叫到边上谈了很久。饭桌上的老师开玩笑地说:"蔡老师单独和戴校长谈了35分钟,戴校长今天赚了多少?"

跟蔡志忠老师谈话,感觉他的智慧像是银河星斗一样光明浩瀚,也像是瀑布飞泻一般惊人有力。他反复强调的是,每个孩子出生的时候都是天才,是后天的教育出了问题。

那天,我们相谈甚欢,极大的激动让我感觉有些醺醺然。但是,我还是清晰地听到老师说:"爱是放手。"

是的,爱是放手。真正的爱就是让孩子自己决定做什么,成为什么样的人。这是我的家庭教育法则的第二条。

后面我了解到:15岁那年,在考上县重点高中的同时,蔡志忠第一次把自己的4张画稿寄给台北一家出版社,暑假就得到了出版社的聘用通知。

于是,他决定放弃读书。

"妈妈,明天我要去台北画漫画,不回来了。"

"你要跟你爸讲一声。"妈妈说。

"爸,明天我要去台北。"他对父亲说。

"去干吗?"父亲问。

"画漫画。"

"找到工作了吗?"

"找到了。"

"那就去吧。"

父子道别,仅仅27个字。寻常日,云淡风轻。父亲13个字,儿子14个字。

18岁时,由于行业政策原因,蔡志忠失业回乡。通常他回家只待三五天,那次回家却待了2个月。爸妈隐约觉得不安:"看起来好像很严重,连唱片、唱机都带回来了。"隔壁太太问他妈妈:"你们志忠这次怎么回来这么久?"妈妈说:"他是读书人,做什么必有他的道理。家就是孩子永远的港湾,随时能回来,可以住一辈子——走、回来,都是他的自由。"

1985年,蔡志忠以漫画家身份获得"台湾十大杰出青年"荣誉，他特地邀请父亲一同参加颁奖典礼。蔡志忠含泪致辞："我特别要感谢我的父亲，因为他没有逼我继续上学，没有叫我去补习班，没有叫我去电脑班，也没有将他一生未完成的愿望，要我去替他完成，这才使我有机会画漫画。感谢爸爸！"

爱是放手：只有松开握住孩子的双手，你才能抽身出来建设自我；而孩子，只有在你的手松开之后，才得以松绑获得自由，才有可能活成他自己。

亲言细语 三十五

爱是放手：
只有松开握住孩子的双手，
你才能抽身出来建设自我；
而孩子，
只有在你的手松开之后，
才得以松绑获得自由，
才有可能活成他自己。

妈妈，今天可以不上学吗

这个故事的主角，可能就是你我。生活中，有很多妈妈可能都遇到过这样的情况，孩子突然提出："妈妈，今天我不想上学。"性急的妈妈会直接打断他："不行，快起床！"可能孩子还会挨一顿责骂，最后哭哭啼啼地去上学。遇上好脾气的妈妈，不免一番"唐僧式"说教，或者直接开出交换条件。焦虑型妈妈，好像天塌下来了：孩子不上学，她也没办法正常上班和生活了，家里的氛围和一家人的生活节奏从此一团糟。

我偶然看了一个绘本——《今天，我可以不上学吗？》，书中的妈妈同样遇到了这个棘手的问题，然而她的回答和做法相当机智，最后孩子竟然开开心心地上学去了。

我们来看看这位妈妈是怎么完美解决问题的。

清晨，小主人公直截了当地提出："妈妈，今天我可以不上学吗？"

书中的妈妈是怎么回答的呢？

"好像不可以吧。"余下便无多话，继续收拾整理。

"妈妈，今天我真的不想去上学。"孩子继续坚定地表达自己的想法。

"嗯……那好吧。"

没有指责，没有评判，妈妈竟然接纳了孩子提出的这个常人看来非常不合理的要求。接下来，妈妈以半旁观、半参与的方式，陪伴并引导着孩子。

"不上学，你准备干吗呢？"

"今天，我可以去做时装模特吗？"

"可以。"

"今天，我可以去潜水吗？"

"可以。"

"今天，我可以像公主一样慢慢地享用很多很多种早点吗？"

"可以。"

"今天，我可以飞到很高很高的天上去吗？"

"可以。"

可以、可以……孩子不想上学，向妈妈发问，妈妈说得最多的就是"可以"。

书看下来，我惊奇地发现：虽然孩子仿佛在不着边际地想象、提着要求，但在妈妈如常收拾、准备上班的行为引导下，孩子的各种想象都没有离开上学这条主线，甚至越来越贴近了。

"收拾好了，可以一起走了。"此时，孩子已经满脸带笑地背着书包，准备和妈妈出门了。

"我去上班了。"妈妈笑着说。

"我去上学了。"孩子回应着。

就这样，母女二人一起，高高兴兴地踏上了出发的路。

真的很神奇：孩子不想上学，妈妈没有指责，没有说教，不凶不吼，全然接纳孩子的想法和感受，保持敞开的状态，与孩子对话沟通。管道畅通了，结果就水到渠成了。

这位妈妈做到了我的家庭教育法则的第二条：尊重、信任、鼓励、支持、赞美孩子的想法，让她知道她可以自己选择和决定。父母可以给孩子建议，但是选择权和决定权一定要交还给孩子，从小让他自主选择穿什么、吃什么、玩什么、学什么，长大了，当他遇到更大的人生选择时，才会做出自己的选择，并为自己的选择负责。

如果父母把选择权和决定权交给孩子，孩子就有自己解决问题的能力。

在这个案例中，比支持孩子的选择与决定更重要的，是妈妈的"做好自己"。当孩子提出"妈妈，今天我不想上学"的要求时，妈妈自己要上班的心态和情绪一点也没受影响：从母子从容的对话中可以感受这一点；从妈妈从头到尾淡定地带着孩子完成了穿衣、洗

如果父母把选择权和决定权交给孩子，
孩子就有自己解决问题的能力。

脸、吃早饭这些早起时间该做的事情可以感受到；直到最后，妈妈说"收拾好了，可以一起走了"。

这就是做到了我的家庭教育法则的第一条，父母做好自己，即活成你想要孩子成为的样子。

两条并行，没有第三条。

最好的妈妈就是拥有良好的心态和情绪。面对孩子不合理的要求，不着急、不焦虑。孩子不想上学，只是当下的一种情绪而已，就跟我们偶尔不想上班的情绪是一样的。如果妈妈当真"不可以，不上学怎么行"，最后孩子可能真的不想上学了。

也许有人担心，妈妈说"可以"，如果孩子真的不去上学怎么办？我的回答是，那今天就让他不去。关键是你能否做到情绪不受影响：你仍旧心平气和地做好自己的事情，接纳孩子的当下。孩子在心灵成长过程中，父母应给予孩子信任、信心和耐心。人本主义心理学创始人卡尔·罗杰斯说过：要相信一个人想被主流社会价值认可的天然倾向。如果不被过多干涉和限制，孩子就会选择向主流社会所认可的价值方向发展。

不是个例,是规律

所以,谷爱凌不是个例,詹青云不是个例,蔡志忠也不是个例——每个孩子都可以。谷爱凌之所以成为谷爱凌,詹青云之所以成为詹青云,蔡志忠之所以成为蔡志忠,这里蕴含着一个秘密法则,也是一个成才的规律:父母顺应孩子的时区和孩子的天性,不着急、不抱怨、不控制、不期待,只是给他土壤、给他陪伴、给他包容、给他身心的自由,让他成为他自己——这个生命终将绚丽地绽放。

每一个人都有他的天赋才华，
但天赋才华也只在全然接纳、信任的
环境里才显现。

亲言细语 三十七

当然，生命的绽放不是指你的孩子也要成为世界冠军、最佳辩手或者是画家，而是他找到了自己的天赋才华，活出了他自己，活成了他最想成为的样子。

每一个人都有他的天赋才华，但天赋才华也只在全然接纳、信任的环境里才显现。

第六章 回归本心做父母

2021年10月23日，十三届全国人大常委会第三十一次会议表决通过了《中华人民共和国家庭教育促进法》。"子不教，父之过"，这一传统道德理念上升为法律，"家事"正式成为"国事"。这是我国首次就家庭教育进行专门立法。每次家庭教育讲座结束，我的身边都会围着一堆年轻的父母。他们向我诉说孩子在家里的表现、他们遇到的问题。我接受过媒体的几次采访，也思考、回答了一些家庭教育的问题。由于本书内容的需要，我还特意在学校家长中进行了一次问题征集。我整理了其中一些比较集中的问题，作为本书的最后一章。

20道家庭教育难题的问与答

1.双减之后,培训班没的上了,校内作业也变少了,孩子每天早早地就做完作业,无事可干,该怎么办?

是谁规定

孩子的世界里只有培训班才是事?

是谁规定

孩子的世界里只有作业才是事?

在孩子的世界里

上课和作业

只是一部分

不是全部

只是之一

不是唯一

玩耍

运动

串门

发呆

都是事

都是必须

都是成长

请父母

理解

尊重

允许

支持

2. 我们家，是典型的不做作业，母慈子孝；一做作业，鸡飞狗跳。这该怎么办？

为什么不做作业

就母慈子孝？

因为此时母子情绪放松

放松了

管道通畅

一做作业

母子关系紧张

管道不通

鸡飞狗跳

分清界限

作业是谁的事

是孩子的事

母亲先把情绪放松

母亲放松了

孩子也就放松了

在这样的情绪下做作业才有效

建议母亲——

孩子做作业时

母亲去做自己的事

可以看书

可以做家务

不用在旁边陪着

营造清静、温馨的家庭氛围

母亲会发现

当你投入自己的事情中时

当你忘了孩子时

孩子做作业

效率最高

3. 规则的建立与遵守比较难，建立时也是共同商讨而定，但到了需要遵守时，往往很难进行，更别提持续下去了。该怎么办？

回顾一下当初建立规则的初衷

如果规则只针对一方

而不是制定规则的双方

如果规则是为了控制

而不是为了成长

如果规则制定中不是从爱出发

而是夹杂着要求甚至是恐吓

那规则的制定就有失公允

那建立规则时的商讨就并非真正意义的商量

规则一定要源于真正的需要

尤其是对被限制的一方

规则的制定一定要平等

每一颗心的声音都应被听见

规则可以修改

当下心的感受远重要于冷硬的条款

在家里

其实可以不制定规则

只要父母活成了孩子的榜样

只要父母有足够平和、强大的心

去尊重、接纳、支持、鼓励孩子

这远胜于任何规则

4.周末孩子在家,手机不离手。让他做作业把手机放房间外不带到书房里,他就不高兴,闹脾气。我又不想用强硬的方法来管教他,真的伤脑筋。该怎么办呢?

什么时候

手机成了炸弹

手机游戏如洪水猛兽

让亲子战争

一触即发

用手机未必是玩游戏

即使是玩游戏

让我们从孩子的角度

了解玩游戏的目的——

有的是为了社交

为了和小伙伴有话题聊

有的是为了获得成就感

感受自我价值实现

有的是逃避现实

缓解压力

用手机未必是玩游戏

玩游戏未必是沉迷

对孩子最大的伤害

从来不是游戏本身

而是父母在孩子成长中

缺少的关爱、陪伴和示范

和孩子一起去运动

游泳、跑步、打球

和孩子一起读书、旅游

读万卷书，行万里路

用真实世界的充实代替虚无的快乐

多多肯定和鼓励孩子

一句鼓励的话语

一个肯定的眼神

一声"辛苦了"的安慰

一顿美味的大餐

比游戏中的胜利管用得多

一个人的成就感在哪里

他的热情就会在哪里

平等地

和孩子签订契约

合理安排娱乐时间

让孩子适当地玩玩游戏

父母要做的就是帮孩子把握好那个"度"

父母，是孩子与游戏之间的那道闸门

5. 前段时间《小舍得》热播,在家庭教育竞争激烈的现状下,家长应该如何做?

家庭教育竞争
派谁去竞争
派孩子
是谁想赢
是家长
当管道畅通时
父母会加油
当管道堵塞时
父母会泄气

竞争什么内容
让牛和马比赛跑步
马会赢,牛怎么办
让鸡和鸭比赛游泳
鸡输了,谁的错

孩子就是种子

小草的种子长成小草

鲜花的种子盛开鲜花

芦苇的种子长成芦苇

楠木的种子长大了直冲云霄

家庭不要竞争了

生命的绽放

是活出它本来的样子

是自然而又自由地生长

家庭不要竞争了

让每个孩子从小立志

立志活成他自己

在人生的每个关口

遇见最好的自己

6. 孩子迷恋一件事物，无法自拔，甚至影响学习。比如特别喜欢收集奥特曼卡片，不光在家里玩，还带到学校，甚至上课的时候，也控制不住偷偷玩。我们该如何应对？

在家长看来
认真学习是优点
迷恋其他的事物就是"问题"
尊重、信任、支持、接纳的
不仅是孩子的优点
还应有孩子的"问题"
如果父母只爱孩子的优点
不爱孩子的"问题"
爱就是分裂的
你的孩子有多迷恋"卡片"
映射出来的是父母的内心有多排斥

建议父母

先处理情绪

心平气和地给孩子多买些卡片

并陪伴孩子一起投入玩卡片

只是享受童年的快乐

只是享受亲子时光的温馨

你看看有什么新的情况发生

7. 大人对孩子的想法了解不透，孩子总认为自己不被理解。如何化解这个矛盾？

大人和小孩的管道被堵住了
就像在各自密闭的空间里呼喊
声嘶力竭
却听不到对方喊什么

大人要做管道工
打开管道
爱才能流淌
打开管道的工具是
尊重
赞美
鼓励
信任
接纳

8. 我是全职妈妈，我的任务就是每天陪伴和督促孩子学习，让孩子将来能考上好的大学，有好的成就——这样，我的人生就成功了。我的孩子现在很优秀，在学校考试成绩很好，还学习了钢琴、画画、跳舞等。我对她的管理一刻都不敢放松，一旦不监管，她的成绩就会马上掉下来。现在孩子才五年级，我感到压力很大、很累，不知道怎么走下去。我该怎么办？

一个人的成功

不能靠另一个人来实现

妈妈的梦想

不能让孩子来完成

家庭教育的成功

并非孩子

学了多少特长

考上多好的大学

而是

父母和孩子

都活出了自己

孩子的教育

不是靠监督和管理

而是激发和唤醒

没有激发孩子内在力量的家庭教育

是失败的

没有唤醒孩子生命内力的家长

都是不合格的

9. 感觉孩子的感恩心不够，口头教育都是一些大道理，孩子听不进，但是生活中又缺乏比较好的教育契机，又或者是我们没抓住合适的机会进行教育。我该如何改进？

所有父母都希望孩子感恩自己
要实现的前提是自己先感恩父母

所有人都认为应该是子女感恩父母
其实父母也要感恩子女
子女要感恩父母的生养
父母也要感恩子女的到来
双方单纯地、平等地
感恩这段关系

所有人都认为没有感恩心的子女
不是好孩子
却没有想过自己的德行

能否让子女的内心生发感恩

不会因为你是父母
子女对你的感恩心就从天而降
不会因为你的期待和要求
就能得到子女的感恩心

10.孩子上的兴趣班太多了,上课、作业和生活安排不过来。该怎么办呢?

兴趣是最好的老师

兴趣是孩子内心真正的热爱和渴求

如果没有兴趣

兴趣班就是可怕的大山

父母说的兴趣班

可能是指

舞蹈、绘画、书法、编程等特长班

也可能是

奥数、作文、英语等学科班

不顾孩子喜不喜欢

不管孩子是否热爱

报了很多门

如同给孩子压上几座大山

兴趣班太多

映照的是父母的

抓取

贪婪

强势

还有那么一点无情

虽然口头上都是"为你好"

其实，好的父母

擅长的不是在外报那么多兴趣班

而是向内养浩然正气

浩然正气

父母有

孩子才会有

既然是兴趣班

就让孩子自己选择吧

孩子要上

给予支持

孩子不上

坚决认同

11. 生了小宝以后，我既要上班又要忙家务，还要照顾小宝，与大宝交流的时间变少。孩子很希望能多和妈妈相处，而妈妈因为经常要照顾小宝而忽略了大宝。我该怎样平衡？

孩子很希望有妈妈的陪伴

妈妈应该自豪

因为孩子的管道是向你打开的

你们爱的流动是通畅的

没有那么多的时间陪伴孩子

可能是因为工作

可能是因为二宝

这是职场母亲的常态

妈妈无须遗憾

更无须内疚

活出属于你的精彩

就是对孩子最好的教育

陪伴不是陪着
尊重
信任
鼓励
赞美
是最有力量的陪伴

这样的情绪力量
胜过天天在一起唠叨
看到孩子
如果只能说一句话
就说：
没事的，妈妈相信你
如果只能给一个眼神
那就给他
温暖和信任

12. 好像脑子不开窍，怎么都教不进去——孩子成绩差，怎么办？

每一个生命来到这个世界

都有自己的使命

每一个生命来到这个世界

都有自己的天赋才华

不是每个孩子

都擅长考高分

不是每个孩子

都能成为学霸

这不妨碍每个人

都获得幸福

认为孩子脑子不开窍

说孩子成绩差

请回过头

看看自己的状态
是否活成了孩子的榜样

再次回过头
看看家庭氛围怎样
表象是
孩子脑子不开窍
实质是
关系管道不通畅

不要指责孩子
先从自己身上下功夫
不要急着给孩子补课
先做一个管道工
疏通生命的管道
让家人满满的
祝福、能量和爱
流进孩子的生命里
这样，孩子的学习才会进步
人生才会幸福

13. 我孩子的同伴说脏话，我担心孩子会跟他学；孩子每天写作业书桌上摊得乱七八糟，不会收拾；孩子丢三落四，经常要我给他带东西到学校；孩子被老师批评不告诉家长……怎么办？

你有多少担心

孩子就有多少"问题"

你有多少要求

孩子就有多少让你"不满意"

孩子跟同伴说脏话，怎么办

孩子不懂得收拾，怎么办

孩子丢三落四，怎么办

孩子报喜不报忧，怎么办

我们是多么想要一个正确（听话）的孩子

我们是多么想要一个标准的孩子

我们是多么想要一个完美的孩子

如果我们每个人活成了标准答案的样子

是不是就跟广场上的雕像一样

一板一眼却不鲜活可爱

成长需要时间和空间

请给孩子一点耐心和等待

对于"问题"

真相是

抗拒即持续

接纳即消失

如果

你是想让他成为更好的自己

唯一正确的方法是

用你自己完美的生命

引领孩子前行

14. 有时候我控制不住自己情绪，容易发火，尤其是孩子考试没考好时，我的心里就特别焦虑。明明知道孩子这个时候也难受，但我还是会忍不住对他发脾气，甚至大吼大叫。我该如何调整自己？

控制不住情绪

对孩子大吼大叫

表面是情绪问题

实质是心的问题

是爱的问题

父母都爱自己的孩子

但要分清

什么是真爱

什么是假爱

假爱是

控制不了你的成绩，我生气

控制不了你的选择，我生气

控制不了你的人生，我生气

假爱是

孩子不能成为自己

假爱是

孩子不再拥有自信

真爱是

无论你考100分还是50分，我爱你

无论你选择A或者B，我爱你

无论你被表扬或者批评，我爱你

真爱是

孩子可以做他自己

真爱是

爱孩子本来的样子

真爱是

全世界都认为你不行

我依然是陪在你身边

相信你行的人

15. 学校负责学业的培养,而性格的培养、心态的培养,是家庭最需要做的。家长应该怎么做?

要培养孩子良好的心态

首先父母要有好的心态

父母的心态是

积极、乐观、向上

孩子的心态自然会好

父母的心态是

抱怨、焦虑、担心

孩子很难有好的心态

要想孩子有一个好的心态

需营造一个良好的家庭环境

家庭成员间的关系是

敞开的

接纳的

包容的

孩子就会有好的心态

孩子的成长
是需要靠山的
这靠山不是
父母的财富、地位、学识
而是支撑孩子生命成长的
整个家庭
家族成员间的关系是
敞开的
互通的
交流的
他们之间的爱
像管道里的水
源源不断地流动
鲜活而又饱满

做到了以上两点
就能培养出孩子良好的心态

16. 孩子是家里唯一的宝，当孩子在学校这个人多的大环境里遇到挫折，被否定，或者不出挑，或者竞选失败之类的事情时，可能会有情绪。家庭应该以什么样的一个姿态帮助孩子？

何为成功？

何为失败？

选上就是成功？

落选了就是失败？

父母应该给孩子

传达一种正确的成功观

对孩子来说

参与就是成功

积极准备就是成功

他当下的努力

为下一个机会积蓄了力量

努力本身就是成功

而非最后那个结果

请传递给孩子

积极的成功观

那就是——

所有的努力都会成功

没有一个努力会被白白地浪费

有的成功是马上外显

有的成功是暂时隐形

只要努力了

就必定能成功

17. 读书这件事情,自主、自律性的培养非常重要。我家孩子做什么事情都很磨蹭,要我们不停地催。该怎么解决?

每一个磨蹭的孩子
背后都站着一对催促的父母

起床,要催
洗漱,要催
上学,要催
作业,要催
睡觉,要催

正常状态下
什么时候该做什么事
对成长中的孩子来说
会自然生成一个内在节奏
但在催促中长大的孩子
行动依据却是

父母的催促

和发火的程度

越催促，越磨蹭

越磨蹭，越催促

催促的次数

和发火的程度

越来越加码

父母请控制住情绪

不去催促孩子

但要管住自己做事情的节奏

明确和孩子的界限

磨蹭是谁的事

如果你磨蹭了

就要承担后果

可能是上课迟到

要被老师批评教育

这是孩子应该承担的

如果总是在家长的催促下

避免了迟到

看似有惊无险

表面上你是帮助了孩子

实际上你剥夺了

他对自己行为负责任的权利

多一些耐心

再多一些耐心

有时候

孩子的磨蹭是在积攒内心的力量

去面对他不太愿意去面对的事情

等一等

别催

别打乱孩子的节奏

解决磨蹭问题不是一蹴而就的

它是孩子与父母

是我们每个人

心灵的两种力量

长期的较量

18.学校教育和家庭教育呈现一种什么样的状态，是您认为最为理想的？

家校双方
学校教育和家庭教育
是敞开的
共通的
交流的
自省的
当有困难和疑惑的时候
不是首先指责对方
而是反思自己的不足
共同致力于孩子的教育
并通过教育
促进孩子
老师和家长共同成长

19. 平时工作比较忙，很少有时间陪孩子，难得有时间，想和孩子聊聊天，孩子却不愿和我交流、分享内心想法，更不肯和我交心谈学校的事。该怎么办？

看得出来

亲子关系的管道堵塞了

忙不是理由

再忙

也要打通亲子管道

再忙

也能抽出时间

每天和孩子煲几分钟的"电话粥"

或者是视频交流

如果孩子兴高采烈

就给他锦上添花

告诉他"爸爸永远爱你"

如果孩子情绪沮丧

以为自己犯了天大的事

就笑着说声"天塌下来爸爸顶着"

这样，爸爸虽然不在身边

但孩子感觉

爸爸的爱从未缺席

20.教育孩子太难了,能否告诉我:怎样的父母是最好的父母?

一千个父母有一千种样子

最好的父母都活成了一种样子

那就是

情绪、心态始终

平和

喜悦

仁爱

接纳

这样的父母

存在的本身

就是最好的教育

整理了20道家庭教育的问题，每一个问题都是一个烦恼，每一个问题都足以让为人父母者焦虑。但换一个角度来看，每一个问题又是一份礼物。就像有的礼物包上了精美的包装，让人一看就爱不释手；有的礼物包装简单甚至丑陋，但请你千万别因为难看的包装就与礼物失之交臂。

不同的问题，在我看来，本质是相同的：如何通过对孩子的教育，让我们成为更好的自己。

不同的问题，答案只有一个：向外接纳孩子，向内修炼自己。

面对丑陋的包装，心平气和甚至是满怀喜悦地拆解。终有一天，我们会收获一份珍贵的礼物。

这份礼物的名字就叫成长！

不同的问题，
答案只有一个：
向外接纳孩子，
向内修炼自己。

大自然

一粒种子

生根

发芽

开花

结果

周而复始

循环往复

生命只是存在

生命只在当下

一切都是创造

一切都在延伸

生机勃勃

生生不息

守住初心

方得始终

那最初的心

是对生命的

接纳

信任

理解

爱

后 记

当我整理这些文字时,时光好像回到了2015年8月,我坐在电脑前,准备写关于家庭教育学习和实践的点滴感悟,在新生的家长会上分享。

我当时心里有一个想法:总结一个家庭教育的法则,放之四海而皆准的,让家长直接可以套用。写着写着,这两条法则就自然出来了。

第一条:父母做最好的自己,即活成你想要孩子活成的样子。第二条:尊重、信任、支持、赞美孩子做他自己。

我也不知道自己是哪儿来的底气,也不知道这两条法则是怎么得来的——似乎是想出来的,又似乎不是。

随着时间的推移，我对这两条法则的认识在不断地加深。

一开始，我对"原件"和"复印件"的关系理解，是做简单的比对。比如：我想要孩子热爱学习，我就要热爱工作；我想要和孩子建立良好的亲子关系，就必须处理好和自己长辈的关系……我知道最好的父母才能有最好的儿女，但我说不出最好的父母究竟是怎样的。

现在，我可以给最好的父母下个定义：最好的父母不是有财富、有地位，也不是学识渊博，而是他的心态和情绪始终处在平和、接纳、包容、仁爱、喜悦中的，这样的父母是最好的父母。这样的父母存在的状态就是最好的教育。

我观察了很多的"问题孩子"，发现所有的"问题孩子"的背后不外乎两个"问题"：一是家庭成员之间的关系管道的堵塞，二是家庭成员中有的人情绪管理出现了问题。

原来，那个"最好"所指向的是为人父母的心态和情绪，所以为人父母者要学习的，是在事物中学习处和释放情绪，面对千山万水始终能保持平和、接纳、喜悦与爱的状态。人生，归根结底就是历事练心。

王阳明先生说："不要操心你的人生，但要操心你的良知。"良知就是你的初心，良知光明就是守住初心，初心是对生命的尊重、理解、接纳和爱。

今天，我甚至可以把这两点归于一点，那就是第一个法则：父母做最好的自己，父母的情绪始终平和喜悦，只要是情绪平和喜悦的父母，对孩子就一定是接纳、允许、信任、尊重的。也就是说，第一点做到了，第二点就自然达成了。但我还是愿意给大家两个工具：一是对自己的——做最好的自己；二是对孩子的——尊重、接纳、允许孩子做自己。

第一点是我的教育观：教育，就是成长自己，做好自己、做最好的自己。谁做最好的自己？是我们，是教育者。一棵小树的成长不需要一棵大树的摇动，但是那棵大树给予小树的种子品质要足够好。

作为父母，我想要我的孩子成为什么样的人，我就得先活成那样。作为教师，我想要我的学生成为什么样

教育，就是成长自己，
做好自己、做最好的自己。
谁做最好的自己？
是我们，是教育者。

亲言细语 三十九

的人，就得用教育者的形象去示范、去引领。教育之旅就是一个人的自省和成长之旅。

第二点是我的成才观：成才，就是成为自己。作为父母和老师，我们要尊重、信任、鼓励、支持、赞美孩子成为自己。让每一个孩子成为自己，就是随才成就，天赋才华才能显现。

当我把这两条一字一句地敲在电脑上，接下来的日子，我就在关注无数的家庭教育案例——有身边人的，也有电视、书本上看到的，包括前面提到的偶遇蔡志忠老师。我发现，所有成功的家庭教育都离不开我提出的这两条法则。

直到2020年寒假，新冠疫情暴发，我们隔离在家。我开始学习传统经典《传习录》，里面有很多阳明先生关于孔孟儒家思想的解读。《大学》的开篇，儒家的八条目——格物、致知、诚意、正心、修身、齐家、治国、平天下，指出了人生进修的阶梯。最终的"平天下"，始于格物致知、诚意正心，外治源于内修，这不就是我提出的第一条——父母做最好的自己吗？做好自己才是一切的源头啊！我时时刻刻、诚意面对自己的内

亲言细语 四十

成才,就是成为自己。
作为父母和老师,我们要
尊重、信任、鼓励、支持、
赞美孩子成为自己。

心，通过为善去恶，在事事物物上致良知，达到良知光明的状态就能"齐家""治国""平天下"。

继续学习，《传习录》上卷中，门人陆澄记录了师生间关于"立志"的一席对话——问立志。先生曰："只念念要存天理，即是立志。"立志并非做科学家、画家、教师等，而是"念念存天理"，也就是每一个当下按照内心的指引知行合一地去行动。对父母的使命来说，这不就是我提出的第二条，尊重、允许、支持、信任、赞美孩子做他自己吗？醍醐灌顶！至此，我再也不用去寻找、不用去验证我的观点正确与否了。

还要说明的是，我是经由亲子关系去探寻生命的真相的，而实际上这两条适用于所有的关系：适用于夫妻之间、朋友之间、同事之间，以及更广泛的人际关系。我从亲子关系的门走进来，看到的却是整个人生。

人生原来很简单，只要做到两点：第一点是对自己——做好自己；第二点是对别人——允许别人做自己。

做好自己。

允许他人做他自己。

人生如此简单，是我们搞复杂了。

图书在版编目（CIP）数据

父母是孩子的未来 / 戴玉梅著. — 上海：文汇出版社，2022.7
ISBN 978-7-5496-3809-3

Ⅰ.①父… Ⅱ.①戴… Ⅲ.①家庭教育—案例 Ⅳ.①G78

中国版本图书馆CIP数据核字(2022)第113857号

父母是孩子的未来

戴玉梅 著

责任编辑 / 汪　黎
装帧设计 / 六艺教育
封面设计 / 李雪萌
插　　图 / 葛靖维
出版发行 / 文汇出版社
　　　　　上海市威海路755号
　　　　　（邮政编码200041）
印刷装订 / 杭州罗氏印刷有限公司
版　　次 / 2022年7月第1版
印　　次 / 2023年1月第3次印刷
开　　本 / 889×1194　1/24
字　　数 / 95千
印　　张 / 9

ISBN 978-7-5496-3809-3
定　　价 / 68.00元